伊藤 光

メッセージBOOK
―クールに熱く―

伊藤 光著

廣済堂出版

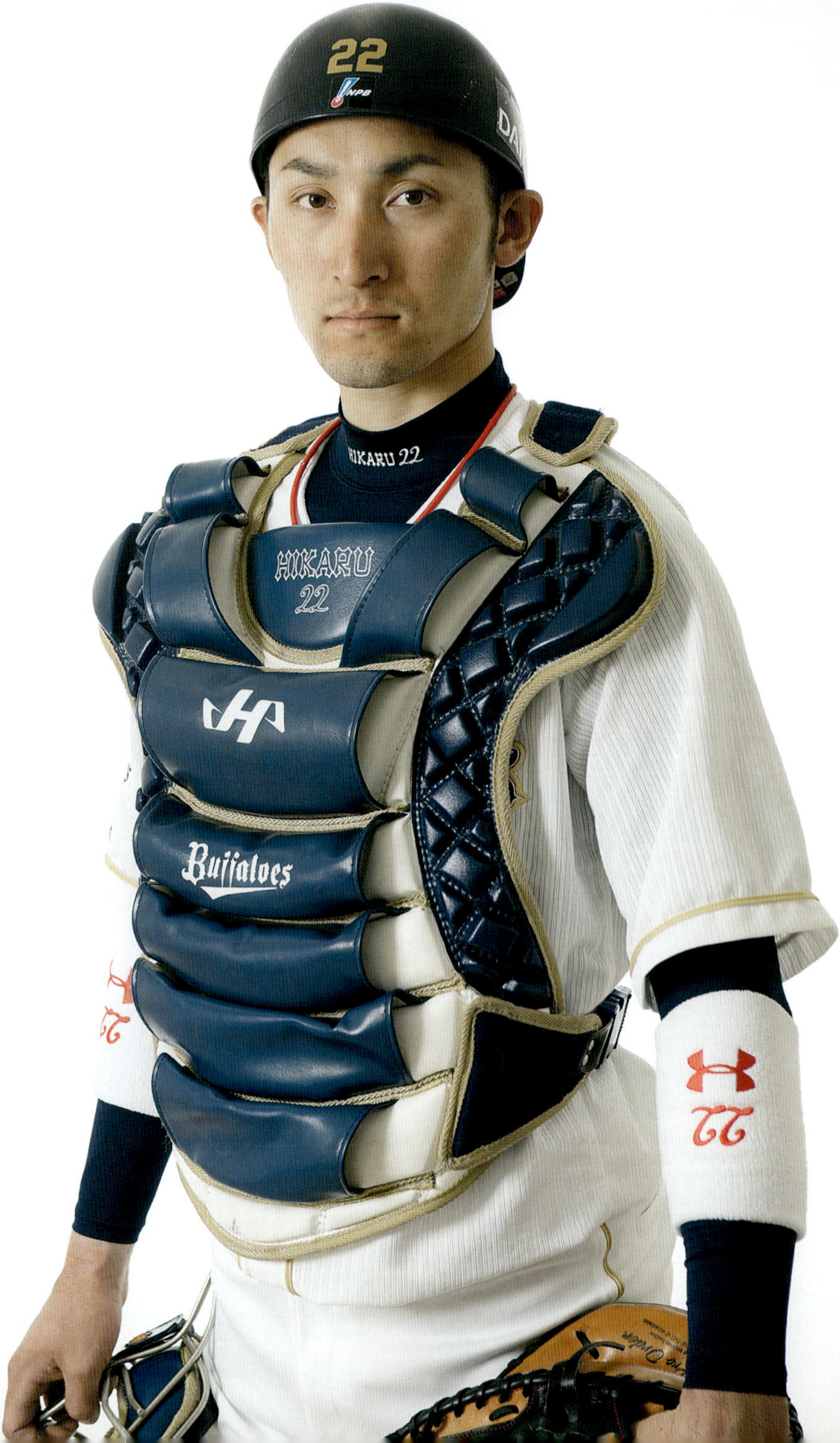
22
NPB
HIKARU 22
HIKARU
22
Buffaloes
22

22

zzeria
阪

FRANCE
BIARRITZ

Bs

HIKARU 22

HIKARU 22

HIKARU

22

22

22

22

DAIKYO
ADACH
3

DAIKYO
50

HIKARU
22
Buffaloes

ORIX
22
SOLAR FRONTIER

がんばろう!
日本
HIKARU
22
Buffaloes

22

Buffaloes

52
Buffaloes
がんばろう!
日本

DAIKYO
がんばろう!
日本
NISHINO

HIKARU ITOH MESSAGE BOOK

伊藤 光

メッセージBOOK

―クールに熱く―

まえがき

２０１４年のシーズン。優勝の可能性が消えた瞬間、僕はその場に崩れて動けず、涙が止まらなくなりました。悔しさでいっぱいでしたが、同時に、もう一度優勝を目指して頑張ろうという強い決意を持ちました。

あのときの僕の姿が、意外に映った方も多かったようです。普段「落ち着いている」とか「冷静」と見られがちなので、あれだけ感情をあらわにする姿と結びつかなかったようなのです。でも、クールでいて熱い面もあるのが僕なんだと思います。「クールに熱く」。相反する意味が並んだフレーズですが、僕の性格や行動パターンを表しているのではないでしょうか。キャッチャーというポジションに必要でもある、頭は常に冷静に、一方、勝負にかける気持ちは熱く、といったスタイルとも言えます。

実際、自分は二面性、もっと言えば多面性を持っているようにも思います。というのも、人によって僕の印象に、ばらつきがあるみたいなんです。キャッチャーがピッチャーの性格に合わせて配球や叱咤激励《しったげきれい》の仕方を変えるようなことを、普段の人づき合いでもしているのかもしれません。でもそれは計算してというより、自然とその場に合った自分を出しているから。多かれ少なかれ誰もがそういう面があるかと思いますが、僕はその幅が少し広いのでしょう。キャッチャーだからそうなのか、そうだからキャッチャーに向いていたのか、どちらなのかはわかりませんが。

ただ、こんな性質は捕手として大きな持ち味になっている気がします。捕手はいろいろな投手とコミュニケーションをとり、それぞれの持ち味を最大限に引き出すリードをしなければなりません。また、相手打者、相手ベンチの心理も読みながら、正面からだけではなく、裏や斜めから見る目も不可欠ですからね。

冷静さと熱さを併《あわ》せ持つことは、勝負の世界だけでなく、普段生きていくうえでも大事なことかもしれません。人生は選択の連続でもあり、クールな判断力が求められます。一方で、やると決めれば心を熱く一心不乱に取り組むことも必要でしょう。僕に内包する二面性や多面性も感じながら、この本を読んでいただければ幸いです。

伊藤 光

目次

Contents

第3章 覚悟 63

第4章 闇《やみ》と光 97

第5章 オンとオフ

第6章 求め続けて

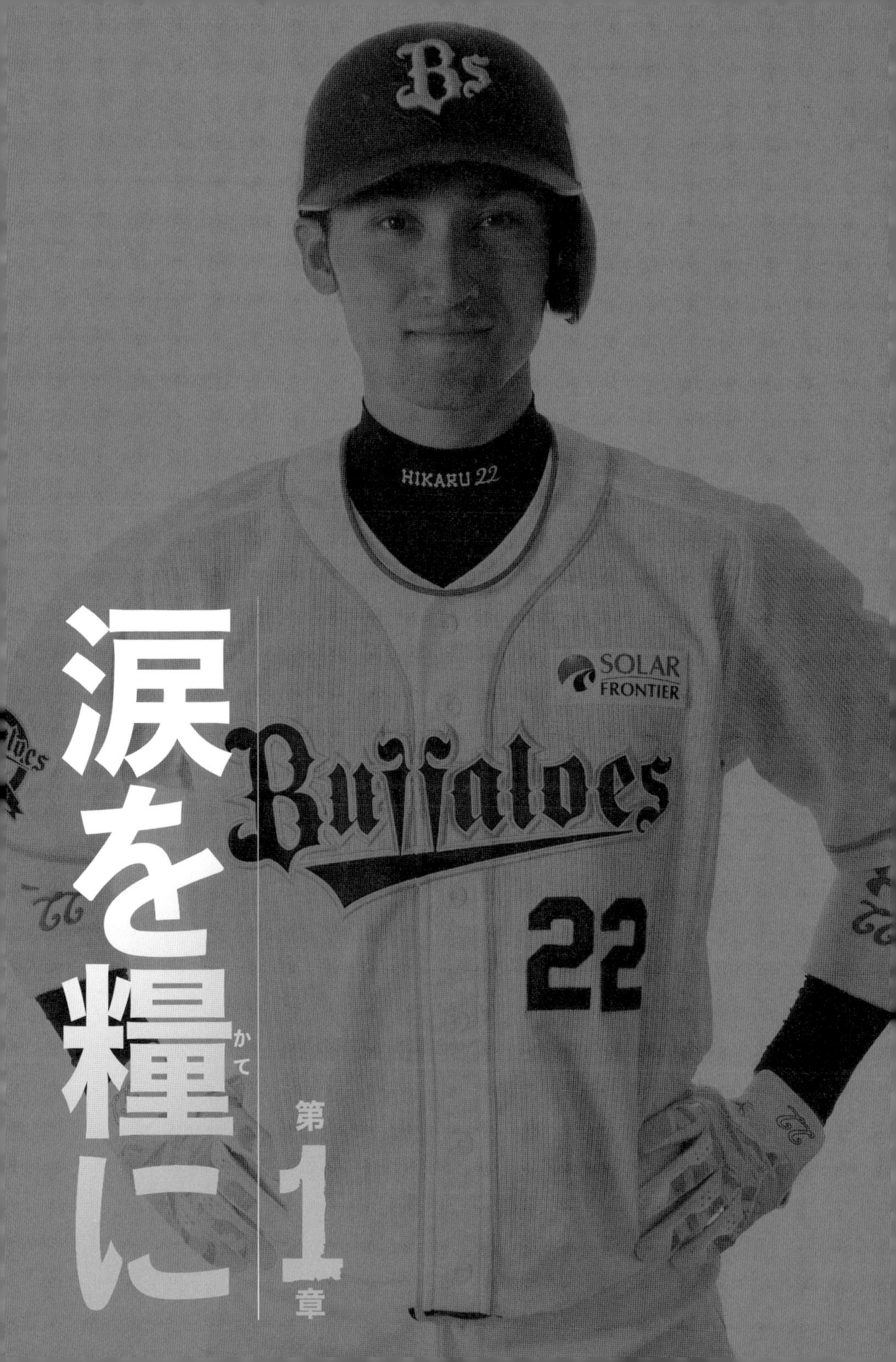

第1章

涙を糧《かて》に

あと一歩の壁

２０１４年10月2日。我がオリックス・バファローズは、勝てば優勝の可能性が残った福岡ソフトバンクホークス戦で、延長10回にサヨナラ負け。18年ぶりのリーグ制覇という大きな目標を、あと一歩でのがしました。シーズン１４２試合目となる、このソフトバンクとの敵地「福岡ヤフオク!ドーム」での最終決戦前の時点で、ゲーム差なしの2位。勝率1厘差で僕たちはソフトバンクを追っていました。

ソフトバンクは、この試合がシーズン最終戦。対してオリックスは、仙台での東北楽天ゴールデンイーグルスとの2連戦を残していました。僕たちがソフトバンクに勝った場合、残りの楽天戦で連敗さえしなければ、たとえ1敗1分けでも優勝できたのです（ソフトバンク戦で引き分けなら、楽天戦に連勝か、1勝1分で優勝）。

1対1の延長10回裏、ソフトバンクの攻撃。一死満塁から松田宣浩《のぶひろ》さんの打球が左中間を抜け、サヨナラ負け。レフトの坂口智隆《ともたか》さんがボールを追う姿を目に映しながら、僕の体からは力が抜け、動けなくなりました。しばらくは記憶にありませんが、涙があふれたことだけは覚えています。僕はクールに見られがちですが、神経が集中して気持ちが高まると、うれしいときも悲しいときも、そして悔しいときも、自分でコントロールできないくらい感情が爆発する。あのときがまさにそうでした。

マウンド付近でソフトバンクの選手が抱き合い、場内がホークスファンの歓喜に包まれる中、僕は仲間やコーチに支えられてなんとか三塁側のベンチまで戻りました。その後、当時の森脇浩司《ひろし》監督に促《うなが》され、みんなでレフトスタンドのオリックスファンのもとにあいさつへ。ファンの方々も悔しい思いをした直後なのに、温かい声を送ってくれました。僕と同じように涙顔の人もいましたが、その光景を目に焼きつけながら、「絶対、このファンと一緒に最後に喜び合うんだ」と、心に誓いました。

今でも本当に悔しさが残っています。「なぜ、勝てなかった？」という問いについて、考え続けています。「最終決戦までのどこかで、1つでもどうにかなった試合があったのでは？」と考え始めると、今度は各試合の場面がよみがえる。あのとき違う攻めをしたり一呼吸入れていたら、と。このあたりは捕手の宿命でしょうが、

14年のように、自分のサイン1つで、ペナントレースの結果が決まることもある。勝敗の近くで仕事をしているという充実感を得ながらも、頭に強く残るのは負けた試合がほとんど。反省と悔いの記憶ばかりが積み重なっていくのです。

とくに14年は、勝っておけば、負けていなければという試合が多かったです。北海道日本ハムファイターズとの開幕戦で、同点で迎えた12回裏に一死満塁からのヒットで敗れるなど、トータル11試合のサヨナラ負け。そんな状況でも開幕2カード目から7連勝とチームは勢いに乗り、1年を通じて首位争い。ただ、シーズン終盤は勝ちパターンのゲームを逃げきれないことが増え、僕も苦しみました。チームを支えていたリリーフ陣も、疲れが極限に達しながら黙々と投げ続けてくれました。頑張りに報いるためにも、女房役として結果に結びつけたかったのですが……。

それでも、シーズンを2位で終え、チームとしては08年以来のクライマックスシリーズ。もう一度、頂点を目指せるチャンスを得ました。気持ちと体を立て直し、本拠地・京セラドーム大阪で迎えた、シーズン3位の北海道日本ハムとのクライマックスシリーズ・ファーストステージ。

初戦に敗れ、王手をかけられた2戦目。1点を追う8回裏のT-岡田さんの逆転3ランで勝利。厳しい展開を覆《くつがえ》して1勝1敗のタイに持ち込むこの一発は、本当にしびれました。3戦目に勝てば、もう一度ソフトバンクと対戦できます。再び負けられない戦いに挑みました。そんな中、ホームのオリックスファンの大声援を受けて戦えるアドバンテージはあったものの、またも延長10回、シーズン最終決戦と同じスコアの1対2で敗退。決勝点は、僕と同い年の中田翔《しょう》の一発。自分がリードをしていて決勝本塁打を浴びたわけです。抑えの平野佳寿《よしひさ》さんの2イニング目に、持ち味の真っ直ぐをセンター後方へ。各投手の良い球を中心に組み立てるのが僕のリードの基本ですが、「違う攻め方や一発を防ぐ方法があったのでは?」という思いは今も消えません。

ただ、あの試合はオリックスに裏の攻撃が残っていました。しかも、僕が先頭打者。このままでは終わらないという気持ちでセンター前へヒットを放ち、出塁。代走の岩﨑恭平《きょうへい》さんにあとを託《たく》してベンチへ下がりました。しかし、得点することはできず、ゲームセット。あのときも力が抜けて、その場にへたり込むような気分でした。こうしてオリックスの14年、僕のプロ7年目のシーズンは終わりました。

振り返ると僕の野球人生は、あと一歩続き。小・中学生で大きな大会での優勝経験はないし、明徳義塾《めいとくぎじゅく》高校時代も2年、3年と夏の県大会は決勝で負けて甲子園に行けなかった。勝ちきれない野球人生なので、チームメイトと優勝の喜びを爆発させたことがない。あと一歩を超え、みんなと抱き合って喜びたい。14年の悔しさをバネに、今度こそ優勝できるはず。15年への期待と決意を強くしていったのです。

14年、チームは優勝できなかったものの、ありがたいことに、捕手部門でベストナインとゴールデングラブ賞に選んでいただきました。オフにはそういった表彰式も続き、充実感を持てる時間になりました。一人前のプロ野球選手として評価してもらったという証《あかし》ですし、こういった賞はプロとして大きな励《はげ》みになります。

金子千尋《ちひろ》さんと2人で最優秀バッテリー賞をいただいたのも、うれしかったです。僕が捕手として成長するうえで金子さんの存在は大きいですね。今の日本プロ野球界で最高の投手だと僕は思います。球種が多く、真っ直ぐも変化球もすべてのボールが勝負球《だま》にできるほど質が高い。そんな投手をリードできるので捕手として勉強になりますが、結果が出なかったときは気分が沈みます。これだけの投手で、すごい球が数多くあるのに、どうして打たれたんだ、と。でも、そんな経験も含め、金子さんと組ませてもらったおかげで僕のリードの幅は広がりました。

金子さんについては、自分のことを語る以上に言葉が出てきます(笑)。金子さんは性格も実に投手らしい。自分の世界を持ち、こだわりが強く、一切の妥協《だきょう》がない。僕の中で金子さんを表すなら、完璧《かんぺき》主義者。結果的に打者を抑えたからとか、完封したからOKという感覚は絶対に持っていなくて、変化球も自分の思い描いた軌道で曲がらないと納得しない。野球というスポーツは相手との勝負という要素が強いのですが、金子さんは誰よりも結果を求められる立場にありながら、決して妥協せず、自分自身とも戦っているイメージがあります。目の前の相手を抑えることに全力を注ぎながら、同時に自分自身にも挑んでいる。ワンランク上の勝負師です。

そんな金子さんですが、野球を離れるとイタズラを仕掛けてくるような面も持っています。少し前、「光、知り合いに頼まれたから、サインボールを書いて」と言われ、ボールとペンを渡されたことがありました。マジックじゃなくボールペンだったので一瞬変だと思ったんですが、そのボールペンがノック式で、書こうとして押した瞬間、ビリッと電流かなにかが体に走ったんです。そんなイタズラをする人と思っていなくて、ビックリする僕の様子を見て、金子さんは本当に楽しそうに笑っていました。マウンド上は完璧主義でポーカーフェイスな大エースが、実はそんな茶目っ気も持っています。このギャップがまた金子さんの魅力の1つかもしれません。

14年のシーズン後は本当に忙しかったですね。表彰式など以外にも、様々なテレビ番組に呼んでもらったり、イベントにも多く参加させていただきました。15年1月12日の「オリックス・バファローズ ファンの集い」には、同い年の東明大貴《とうめいだいき》、吉田一将《かずまさ》とともに出演。約230人のファンの方が集まり、ゲームなどで大いに盛り上がりました。同じ1月の24日には、オリックスに熱い声援を送ってくれる女性ファン「オリ姫」が集うイベント「イケメン選手と一緒にNEW YEARオリ姫女子会」に、駿太《しゅんた》、武田健吾と参加。約100人の女性ファンの華やかな雰囲気の中で、僕たちも楽しませてもらいました。会の中で「自分がオリ姫なら誰を好きになる?」という質問のときに、駿太から「伊藤さんです!」と告白される場面もありました(笑)。こうしたファンの方と触れ合う機会は、本当に大事にしたいです。

選手会長就任、仲間とともに

そうしたオフを経て迎えた15年シーズン、僕はオリックスの選手会長を任されました。高校から入って8年目、まだ26歳での大役で、責任の重さを感じています。糸井嘉男《よしお》さんが務めるキャプテンはグラウンドで戦うときの中心であり、選手会長はいわば事務方。球団と選手のあいだで意見の交換や調整を行います。宿舎の献立や寮の部屋の設備を改善してほしいとか、選手側の要望を球団に伝達。選手が野球に集中できる環境を整え、いい結果を残せるように、というところにつなげていきます。

プロ野球界全体について話し合う際にも、球団の代表として参加します。例年、年に2回程度、各球団の選手会長が集まり、NPB(日本野球機構)との会議に出席。この全体会議は、かつてはリーグ再編問題、最近では統一球などの議題について意見が交《か》わされた場であり、会議の結果は持ち帰って選手たちに伝えます。考えることが増え、時間も取られがちですが、チームのため、選手のためになると思えば、できる限り頑張ろうという気持ちにもなります。チームメイトとは試合、練習はもちろん、日常生活の中でも刺激し合って切磋琢磨《せっさたくま》していきたいと考えていますが、年齢の近い選手とはとくに普段から仲がいいですね。

西勇輝《ゆうき》とはファーム時代からのつき合いで、今も遠征先でよくご飯を食べに行きますし、気心が知れています。一緒にすごした時間が長いので、いろいろな面も見てきました。例えば、私生活は、なんでもせっかち。それが西のペースですが、食事もゆっくり楽しむという発想がない。焼き肉でも自分で焼いてどんどん片づけるので、「もうちょっと、ゆっくり焼けよ」と言ったりもしますが、気づけば西のペースに(笑)。

そういう面が野球に出るときもあります。試合状況を考えて、「余裕を持って攻めよう」とか「ボール球《だま》を混ぜながらゆっくりさぐろう」と僕が考える場面でも、どんどん攻める。早くアウトを取って、かえりたいんですね。早い勝負で結果がいい場合もありますが、西はもう少し余裕を持って攻められるようになれば、より投球の幅も広がるのでは。でも、そのあたりは僕の仕事でもあります。性格もよくわかっているので、西のペースを崩さないようにしながら、投げ急がないように導きたい。ボールのキレ、コントロールとも素晴らしいものを持っているので、しっかり投げきれたときには、12年の福岡ソフトバンク戦で達成したノーヒットノーランのような結果もついてくる。そう言えば、あのときも僕はゲームセットの瞬間、半分涙を浮かべてマウンドへ走っていったんですよね(笑)。小久保裕紀《こくぼひろき》さんの引退試合という、まさにアウェー一色での快挙で、かなり興奮しました。しかも、ファーム時代からともに戦ってきた西の大記録。それは、うるっときますよね。

T-岡田さんも、ファーム時代から一緒にやってきた先輩です。体は大きくて迫力満点ですが、人の良さがにじみ出ている表情やゆったりした雰囲気。ある意味、見たまんまで、気は優しくて力持ちとはまさに岡田さんのような人。あと、頭がいい。これは「見たまんま」かわかりませんが(笑)。日常だけでなく、野球でもいろいろ考えている人です。決してブンブン振り回さないですからね。岡田さんと言えば、先に触れた14年のクライマックスシリーズ・ファーストステージ第2戦での逆転本塁打を思い出すファンの方も多いでしょう。ただ僕はあのとき、次の回をどう抑えるかに頭が向いていて、喜んでばかりもいられなかった。「捕手で損してる」と思いましたが、岡田さんには今後も僕をそんな気分にさせる劇的な一発を期待しています。

糸井さんは、一言で表すなら、ミステリアス。なにを考えているか、よくわかりません(笑)。一緒に行動することはあまりないのですが、14年のオールスター期間中に食事をする機会がありました。気軽にしゃべれる雰囲気を作ってもらい、野球の話やたわいもない会話をしました。ただ、糸井さんの感覚だからわかる話もあり、僕が糸井さんを深いところで理解できるのはもう少し先だと思いました(笑)。

でも、まわりに合わせるのではなく、自分の考えや感覚に正直というスタイルをプロの世界で貫き、結果を出すのですから、すごい。北海道日本ハムに在籍されていたときは、どう攻めていいかわからなかったのが正直なところ。それまでピクリとも反応しなかったボールを、いきなり仕留められたこともありました。対策に悩んでいた相手がうちに来てくれたのですから、僕は本当に助かっています。

1人1人、順に語っていきたいくらい、魅力的な人が多いオリックス。優勝への期待の中で迎えた15年はスタートダッシュでつまずきましたが、まだまだ僕らはあきらめません。このメンバーで結果を出して、喜びを爆発させたいと思っています。

私が見た「伊藤光」の素顔

COLUMN

CHIHIRO KANEKO

金子千尋 投手

「球種が多い僕のリードは大変では。買った服がカブったことも(笑)」

キャッチャーとしての持ち味はいろいろありますけど、研究熱心というところがいちばんの光らしさだと思います。ほかの選手も光のことを聞かれたら同じことを言うんじゃないでしょうか。

僕は彼が一軍に来てからしかよく知りませんが、もちろん、高校時代から評価されてプロの世界に入ってきたわけですから、力を持っていたのは間違いない。でも、プロの選手はみんな実力があるのが当たり前の中で、どう一軍で活躍できる場所を作っていけるか。そのためには素質だけではないものが大事になってくるんですよね。

光はファームから上がってきたときと、野球に取り組む姿勢が変わらない。もちろん、いい意味で。若いころはみんな一生懸命やりますが、慣れてくると、段々と取り組み方も変わってくることが多い。でも、光はそうじゃない。大したもんですよ。やっぱり毎日の積み重ねですから。そのまじめさが、大きく成長し、誰からも信頼されるキャッチャーになっていったいちばんの理由だと思います。よく言われますが、初心を忘れず、というところです。

普段も礼儀正しいですし、きちっとしていますね。常に目配り、気配りもできるし、見ていてもどんな人間ともコミュニケーションがとれる。そんなところもまさにキャッチャー向きだと思います。ピッチャーという人種はよく言われるように個性が強い選手が多い。そうした投手たちとしっかり関係を作りながら、力を引き出せるんですから、資質と努力です。

性格的に熱いかクールかと言えば、どちらも持っている。このバランスもいいんでしょうね。試合中は、表面的にはクールで冷静ですが、中に持っているものは常に熱い。リードでもデータをしっかり頭に入れて生かしつつ、決してそこに頼りすぎることもない。ときには、「そこまでこの球で押していくか」と、僕が感じるくらい同じ球種を続けるときもあります。そんなときに、冷静さを持ちつつも、光の熱さ、強さ、こだわり……そういうものを感じますね。

一軍に上がってきた当初の光は、もともと僕を受けていた人のリードを見て勉強したり、まわりの意見を聞いたりして、その形をまねたと思うんです。でも、それで満足はせず、経験を積みながら自分のカラーをプラスし、捕手・伊藤光の型ができたと思います。

僕は自分の投球を考えるときに、バッターの裏をかくピッチングがしたいタイプなんです。これは高校時代あたりからなんですけど、常に打者目線を頭に入れながら配球を考える。試合で使う変化球を増やすときでも、ほかの球種と考え合わせながら、「もう1つ、こんな変化球があったら戸惑うだろうな」とか、「こういう攻めをされるといやだろうな」ということを考えながら広げる。光も僕と組むようになって段々僕の考えがわかるようになってきたと思います。「ここは、相手バッターが予想しないような球で打ち取りたいんだろうな」と、僕の考えも理解しながらリードしてくれるようになってきてますから。本当に投げやすいですね。

ただ、僕は球種も多いので、リードするほうは大変だと思います。ある球を投げて打たれたら、キャッチャーとしたら、違う球を投げておけば良かったと思うこともあるはず。球種がそう多くない投手なら、この球で打たれたら仕方ないと割りきれるかもしれませんが、選択肢が多い分、うまくいかなかったときには悔いが残りやすいでしょうからね。それでも、2013年くらいから試合では光相手にしか投げていませんけど、僕は光のリードをわかってきたし、光も僕のボール、性格をわかってくれるようになった。自分で言うのもなんですが、いいバッテリーになってきました。だから14年に「最優秀バッテリー賞」に光と選んでもらったことはうれしかったです。そのとき「光は僕が投げたい球を要求してくれるし、僕以上に勉強している。信頼できるキャッチャーです」とコメントさせてもらいましたが、さらにバッテリーとしてのレベルを上げて、チームの大きな結果につなげていきたいですね。

そんな光に注文があるとすれば、野球以外。服を買う店が同じで、アイテムがカブったことがあったんです。光も僕も体型的になんでも着られるほうで、好みも近いせいなのか。まぁ、組み合わせを変えれば雰囲気も違ってくるし、それほど気にしてませんが、できたら……。バッテリーとしての呼吸は合ってきましたが、服の好みまでは合わせなくていいということでお願いします(笑)。

HIKARU
22
Buffaloes

HIKARU
22
Buffaloes

22

22

第2章 目覚め

光《ひかる》の由来は太陽にあり!

自分の名前の光《ひかる》は、とても気にいっています。伊藤がよくある苗字《みょうじ》なので、光は特徴があって良かったです。まわりの人も呼びやすく、覚えやすい名前でしょう。光は希望や未来の輝きなどにもつながる言葉です。あとでお話しする学生時代の葛藤や、プロで経験した野球をあきらめなければならないかもしれないという苦難から這《は》い上がってきた僕の歩みとも重なる感じがして、いい名前だと思っています。

でも、光と名づけられた経緯は、そうした僕の名前への思い入れとはまったく違っているのです。僕は１９８９年４月23日、伊藤家の長男として生まれました。発表されている僕のプロフィールの出身地はだいたい愛知県となっていますが、実際に生まれた場所は秋田県秋田市。母親の出身地で、いわゆる「里帰り出産」でした。

光の名は母方の祖父がつけてくれたそうですが、理由が変わっています。実は祖父が働いていた職場に、のちに阪神タイガースや埼玉西武ライオンズなどで活躍された藤田太陽さんのお父さんがいたそうなんです。太陽さんが野球少年として地元で有名な話を祖父も聞いていたんでしょう。少年時代の太陽さんに触発された祖父は、「太陽に勝つのは光」だという考えに行き着き、僕の名前を光に決めたそうです。

ただ、太陽さんがプロ野球選手になったのはずっとあとのことで、当時はまだ小学生。僕とは10歳違いなので、たぶん小学4年生のころ。「地域で知られた、野球のうまい小学生」でしかなかったはずなんです。その子どもの名前に対抗して孫の名前をつけるというのは、なかなかだと思いませんか?(笑)。

初めて聞いたときは作り話かと思ったんですが、親は何度も同じことを言うので、本当なんでしょうね。太陽さんに、僕の名前の由来をご存じかどうか、直接お聞きしたことはないのですが。でも結果として、太陽さんも僕もプロ野球選手になったわけですから、不思議です。おかげで僕も、「光の名前の由来は実は」という話ができますから。この名前を本当に気にいっているので、まさに字のごとく、野球選手としても、1人の人間としても、もっともっと光り輝いていきたいです。

そんな光という名を授けられた僕は、生まれてしばらくのあいだは夜泣きがひどく、動けるようになると今度はじっとしていない、元気のありあまった子だったようです。野球を始めたのも、この「ありあまった元気」が関係していました。というのも、幼稚園に通うようになったころも、家で親が目を離すとすぐ外へ出て、どこかへ行ってしまう。毎回親が近所をさがし歩いたり、行きそうなところに電話を入れて連れ戻していたそうです。とくに困ったのが土日。幼稚園が休みの日は1日中、僕の行動に目を光らせねばならず、親はなにもできない。そこで考えたのが、土日に活動している野球チームに僕を入れようということ。確かにいい考えです(笑)。

こうして、僕は幼稚園の年長組の5歳から少年野球チームに入団。しかも、軟式ではなく、硬式の岡崎リトル。5歳から硬式チームで野球を始める子どもはなかなかいないでしょうが、理由は「土日に預かってくれる、いちばん近くのチームだから」ということだったのです。父は元高校球児で、息子にも野球をやってほしいと思っていたのですが、小学4年生ぐらいからと考えていたようです。

だから、もし近くにサッカーチームしかなければ、サッカーから始めたかもしれません。伊藤家にとって大事だったのは野球かサッカーかではなく、「土日に安心して預けられる場所」だったわけですから。チームに入ったといってもまだ硬式野球はできないので、小学校に入るころまでは硬式のテニスボールを使っての「別メニュー」で来たるべきデビューに備えました。土日は幼稚園の代わりにグラウンドへ行く、通園の一環のような感覚でした。幼稚園は違いましたが、チームに同じ5歳の「同級生」もいたので、よけいにそう思ったのかもしれません。そして、小学校に入ってしばらくしたら硬球を投げ始め、2年生からは3、4年で結成されるチームに入れてもらい、試合に出ました。当時の僕には、硬式ボールの縫い目に指はかかりません。「投げにくいなあ、重いなあ」と思いながら、鷲《わし》づかみで投げていたのを覚えています。

アスリートの血を受け継いで

父は僕が生まれるときに男の子とわかった時点で、「プロ野球選手にする」と言っていたそうです。父は鹿児島出身で、プロ野球選手になる夢を持っていて、それは叶《かな》わなかったのですが、自らの経験を生かし、「プロ野球選手になるには、他人より上の練習をするしかない」と、僕にたっぷり厳しい指導をしてくれました(笑)。

父の口癖は、「お前はイチローになれ!」でした。イチローさんも愛知で育ち、子どものころからバッティングセンターに通い、小学校5年生で時速150キロの球を打っていたという伝説もありました。なので、僕もバッティングセンターにはよく連れていってもらっていました。さすがにイチローさんのようにマシンのバネを交換してスピードを速めて打つということはなかったですけれど。

普段も、会社員の父が仕事から帰ったら、一緒にキャッチボール。それまでの時間も1人でランニングをしたり、夜はシャドーピッチングや時には母にもトスを上げてもらってティーバッティングをしました。父は、自分と同じピッチャーとして僕をプロにしたかったようで、シャドーピッチングの指導にはひときわ熱心。野球一色の生活が、小学校、中学校と続きました。当時の父は球が速かったし、打ってもすごい当たりを飛ばしていました。そんな父に高校時代の話を聞くと、「鹿児島県では知られたピッチャーで、甲子園の常連高校からも誘われたけど、ことわって違う高校へ行き、1年から工ース」と自慢気に話していました。僕は半信半疑で聞いていましたが、プロで一軍の試合に出るようになったころ、契約しているスポーツメーカーの方があいさつに来られたときに、「鹿児島で、お父さんと同い年でした」と言われたんです。父が通っていた学校の隣の中学の野球部出身で、父と試合もしていたとのこと。その方が「お父さんは高校時代には時速140キロぐらいのボールを投げていて、スカウトも来ていたはずです」とおっしゃるので、やっと僕は「本当だったんだ」と、父の話を信用できたんです（笑）。そんな父ですから、僕がプロ野球選手になったことを喜んでくれています。たまに一緒にお酒を飲んだりしながら、父の昔話を聞くのも楽しみの1つになっています。野球を通していつまでも話ができて幸せだと思います。

母も元アスリートで、マラソンランナーでした。都道府県対抗駅伝という大きな大会にも、生まれ故郷の秋田県と勤務先のあった三重県の代表で出場したというので、本格的なレベルで選手生活を送ったのでしょう。社会人時代は、その三重にある本田技研鈴鹿《ほんだぎけんすずか》の陸上部に所属。その会社で、同じく勤めていた父と出会ったということですが、母にもスポーツ系の遺伝子が入っていて、僕に受け継がれたというわけです。

僕は背が高くなくて、中学に入ったときでも152～153センチくらい。クラスでも真ん中より前で、見た目も華奢《きゃしゃ》。でも、足は速く、小学校、中学校ではいつもリレーの選手で、短距離、長距離とも得意。母の遺伝子の影響が大きかったのでしょうね。

高校時代に取材を受けたとき、よく「理想のキャッチャーは？」という質問をされました。そのとき答えたのは、今も同じような考えですが、「打って、守って、走れるキャッチャー」。「キャッチャー＝《イコール》体の大きな人がやるポジション」という発想を変えるような選手になりたいと思って、動けるキャッチャーを目指してきました。そんな視点に立てたのも、両親から受け継いだスピードや身体能力があったから。

また、アスリートとしてのメンタルも両親から授かりました。普通の家なら、父が野球に熱心で子どもを厳しく育てたら、母は子どもを優しくフォローする形が多いでしょう。でも、伊藤家は違います。試合で少々結果を出しても父はあまり褒《ほ》めてくれないし、母も「ここで満足したら成長はないよ」という調子で、僕をいい気分に浸らせてくれませんでした。たまに、「お母さんは、野球やったことないやろ」と思うときもありました。でも、競技は違ってもアスリートの先輩の意見。説得力があり、よほどでないと反論はできなかった。とはいえ、父は常に野球に関する話でしたけど、母は直接的には野球の話はしません。だから厳しく言われたとしても、やっぱり気は楽で、甘えていた部分もあったと思います。

あと、僕には2つ下の妹がいます。妹もスポーツ系で、小学校と中学校ではバレー、高校ではサッカーをやっていました。走るのも速くてサッカーではフォワード。運動能力は高かったと思うんですが、1つのスポーツに本気になりきれなかったようで、見ていてもったいない感じもしました。サッカーは同好会でスタート。人数が増えて正式に部活となると、続けようか迷っていました。もしかしたら、運動ばかりの女子はモテないとでも思ったのかも(笑)。単なる僕の想像ですけど、もしかしたらそんな乙女心《おとめごころ》もあってスポーツに打ち込めなかったのかもしれません。でも、妹がいちばん親とも遊びたい子どものころ、両親は土日も僕の野球につき合うことが多かったので、悪かったなという気持ちはあります。本当に家族の協力があってこそ、僕は野球に打ち込むことができ、ここまでこられた。「ありがとう」の気持ちでいっぱいです。

そんな僕たち家族の家は愛知県にあり、山を削ったところに建っていました。右は上り坂、左は下り坂。上り100メートルのあとに、平地が30メートルあって、下りが１００メートルみたいな感じです。絶好の練習環境で、上り坂の50～60メートルを使っての坂ダッシュを10本。さらに坂道をふんだんに使ってのランニングを学年ごとに時間を決めて20～30分行うのが日課でした。庭には父が鉄パイプで骨組みしてビニールシートで囲った即席練習場や、小さなマウンドがありました。シャドーピッチング、ネットピッチング、ティーバッティングと、夜もたっぷり練習しました。

　父は指導者がよく口にする「とりあえず１００本！」みたいな教え方を嫌いました。といって体育会系的な指導を否定したのではなく、回数の問題。「１００本なんて誰でもやっている。人が１００本なら２００本やり、さらに納得するまでやるのが本当の練習だ」と言う父に鍛えられ、練習量は多くなりました。ただ父はメリハリをきかせる人で、「休むときは、しっかり休め」という考え。怖い顔でしごかれた一方、一緒にゲームをしたりして遊んだときの顔も思い出します。このリラックスタイムがあったから、また、野球を頑張ろうという気持ちになれたんだと思います。野球の時間も野球以外の時間も僕につき合ってくれた。これもまた父に感謝ですね。

　小学４年生からトレーニングジムにも通いました。幼少時からのジム通いは体に負担がかかると思うかもしれませんが、そこはイチローさんがプロ入り後に取り組まれて有名になった初動負荷理論を実践しているところで、重いものを持ち上げて筋肉をつけるのではなく、チューブや軽い鉄アレイなどでインナーマッスルから作る方法。元陸上選手の方がトレーナーで、ほかにも縄跳びや自体重を利用したトレーニングなどが中心です。見かけの筋肉をつける方式ではないので、負担も少なく体作りができました。今はなくなったのですが、当時、地元にそういうジムがあってラッキーでした。愛知県の高校出身でオリックスにも在籍した古木克明《かつあき》さんやユウキ(田中祐貴)さんも通っていたという、岡崎市では有名なジムだったと思います。

野球が好きだったし、もっとうまくなりたかったので、「そのために家でも練習をして、ジムにも行って鍛えてるんだ」という明確な目的意識を持ち、いつも納得するまでやっていました。そうして毎日の練習を積み重ねると、野球をしたときに自分がうまくなったことが実感できた。モチベーションを保つために大きかったですね。とくにジムに通い始めてから、体は小さくても、ピッチャーとして投げる球も、バッターとして打つ球も速くなっていくのがはっきり感じられましたから。そういう感覚があったから、「もっとやれば、もっとうまくなれる」と思えたのです。

でも、ジムに関しては小学校のときにズル休みがバレて怒られたことがあります。普段どおりジムに行ったことにして友だちの家で遊んだあと、いつもの時間に普通の顔をして帰ったんです。それから夜はティーバッティング。その日は母がトスを上げてくれたのですが、突然、「トレーニング行った？」と聞かれました。「え!?」と思いながら平静を装って「行ったよ」と返したら、「本当に？」と疑うのです。結局バレて、「元アスリート」の母からたっぷり絞られ、夜の8時ごろからジムに行くことに。たった一度サボろうとしたのがバレたので、嘘はつけないと、僕の中のトラウマになっています。

隠れ巨人ファンだった!?

こんな家族の支えもあって、野球にのめり込んでいった幼少期。高校野球への憧《あこが》れが高まったのは小学3年生のときです。1998年の甲子園で横浜高校がエース・松坂大輔さん（現福岡ソフトバンクホークス）の活躍で春夏連覇。夏の大会では準々決勝のＰＬ学園高校戦で伝説の延長17回の激闘がありました。あのころの多くの野球少年がそうだと思いますが、僕も松坂さんに憧れて高校野球にハマりました。

一方で夜はナイター中継にチャンネルを合わせ、プロ野球も見ていました。愛知県に住んでいたので当然、まわりには中日ドラゴンズのファンばかり。でも、僕は実は、読売ジャイアンツのファンでした。これにはある縁がありました。２０１４年の1月に亡くなった元巨人の水沢薫《かおる》さんが、母のいとこだったのです。秋田県出身で高校時代は秋田商業のエース、社会人野球の河合楽器を経て、86年オフのドラフト2位で巨人に入団。92年の引退後はトレーニングコーチや少年野球スクール「ジャイアンツアカデミー」のコーチ、さらには原辰徳《たつのり》監督のマネージャー的な仕事もされていました。僕が3歳のときに現役を引退されたのですが、母のつながりで子どものころに何度か巨人の宮崎キャンプを見に行く機会がありました。そういうところから段々とチームに親しみがわいて、気がつけば巨人ファンになっていたのです。

キャンプでよく覚えているのが、巨人の監督をされていた長嶋茂雄さんが背番号3を再びつけた00年の2月のこと。宮崎県総合運動公園野球場で満員のファンとすごい数の報道陣が見つめる中、長嶋さんがグラウンドコートをパッと脱ぐと、四方から大歓声がわき起こった年です。僕はその瞬間を見られませんでしたが、別の機会にスタンドから長嶋さんを目にすることができました。小学4年生で、長嶋さんのすごさをよくわかってなかったのですが、そのキャンプでの盛り上がりは今もはっきり覚えています。ほかにも、松井秀喜さんが背筋痛で主力組から外れてサブグラウンドで練習していた姿を金網越しにずっと見たりもしました。普段の試合を見るのとは違って、キャンプならではの風景が新鮮で、記憶に残っています。だから宮崎が僕のなじみの場所にもなりました。プロ入り後、秋のフェニックスリーグの際にサンマリンスタジアムでプレーしたときに、「巨人がキャンプで使っているグラウンドか!」と、興奮したのを覚えています。そんなこともあって僕は巨人ファンだったわけですが、熱狂的な中日ファンの友だちの中では「真実」を口にできず、プロ野球の話題が出たときには本心を隠し、ただニコニコしていました(笑)。

あと、15年はチームの選手会長を任されることになった僕ですが、小学生のころを思い出すと、クラスを仕切るようなタイプではなく、学級委員を務めた経験もなかったですね。目立つときと言えば、球技大会、体育祭、体力テスト。もっぱら運動専門でした。

運動系以外の思い出は少ないんですけど、一回、地元の岡崎市から表彰されたことがありました。なにかのコンテストだったのか、自由研究的なものだったのか忘れましたが、家にあったマウンテンバイクを改造。破れにくいビニールシートのようなものや、パイプなんかを使って、特製の自転車を作ったんです。宅配ピザ屋さんのバイクのような感じです。そうしたら、それが特別賞に選ばれて岡崎市から表彰されたんです。でも、記憶に残っているのは、うれしかったからというよりも、実は父と祖父にかなり手伝ってもらって作ったものだったからということもあるんです(笑)。ちょっと後ろめたい気分もあったりして、覚えているのかもしれませんね。

キャッチャーミットは買いたくなかった

というわけで、子ども時代の思い出はほぼ野球一色。野球に関することはよく覚えていて、小学4年生ぐらいからほとんどピッチャーでした。松坂さんに憧れ始めたころです。土日に試合があるときは1日2ゲームが通例で、1試合目に投げたら、次の試合はショートを守ることが多かったです。投手としては自分で言うのもなんですが、4年生になったころはほとんど点を取られませんでした。リトルリーグのローカル大会だと、投げたらいつも完封って感じです。自分ではコントロールタイプだと思っていましたが、まわりからは「真っ直ぐも速い」と言われたり。肩は強かったので、同学年レベルでは力のある球を投げていたと思います。

でも、ずっと投げていく中で6年生のときに肩とヒジを痛め、6年生の秋からしばらくは思いきりボールを投げられない時期がありました。まずヒジを半年痛めて、治ったと思ったら今度は肩をまた半年ちょっと痛めて。練習はごまかしながらやっていましたけど、試合では投げられなくて野球が少し楽しくなくなった時期でした。

そういう状態で中学生になり、硬式の東名古屋スターズというチームに入団しました（2年上に、現中日の赤田龍一郎《りゅういちろう》捕手が在籍）。4月の初めにポジションの振り分けがあって、キャッチャーになりました。希望したわけではなく、同級生で肩の強い選手がほかにいなかったのです。僕は少し肩を痛めてはいましたが、それなりに肩が強いと見えたのでしょう。また、小学生のときに少しだけキャッチャー経験があったことも理由だったと思います。

自分としては、いやでした。ノックのときに、レガースをつけずに、とぼけて内野を守りに行ったこともありました。でも、すぐ監督から「どこ行っとんや！」と呼び戻されて、キャッチャー。僕のほかにもキャッチャーが3、4人いたので、「あいつらがやればいいのに」と、わがままな考えを持ったりしていました。それでもそのころはまだ、外野で試合に出たりもして、キャッチャー一本ではなかったのです。ただ、ピッチャーはやらせてもらえませんでした。体が万全でないこともあったのかもしれませんが、中学に入ると、上には上がいたというのも確か。僕よりすごいピッチャーがいましたから。ただ、僕自身はピッチャーが無理とは思っていなくて、まだまだこだわりがあったのですが、お呼びがかかりませんでした。

一方で、僕の中に現実的な考えも芽生えました。それは、「キャッチャーをやっていたほうが、試合に出やすい」ということ。1年生部員だけでも20人くらいはいて、3学年で合計約60人として、試合に先発で出られるのはわずか9人。自分の力とチーム事情を考え、どのポジションが出やすいかと見渡したら、やはりキャッチャーだと思ったんです。だから、ひとまずは納得してキャッチャーをするようになりました。でも、キャッチャーミットは買いたくなかったですね。買ってしまったら、いよいよ本格的にキャッチャーになると思ったからでしょう。当時、僕の中でキャッチャーは、「球を受ければいい」という感じのポジションに映っていました。あまり動きの良くない、体の大きな選手がやるイメージ。魅力的には思えなかったのです。「魅力がなくても、早く試合に出たいならキャッチャー」というジレンマを抱えながら始めていくと、肩とヒジも治り、いよいよキャッチャー専任という状況に。それでも、続けていくうちに少しずつ気持ちも前向きになり、キャッチャーとしての勉強を自分でもするようになっていきました。

あの当時は衛星放送が普及し始めたときで、それまで地上波の中日戦や巨人戦しか放送されていなかったのが、様々な試合をテレビで見られるようになった。古田敦也《あつや》さんのプレーが見たくてヤクルトスワローズ戦の中継を好んで観戦しました。古田さんのリードやキャッチング、スローイングを中心に、試合自体もキャッチャー目線で見るようになりました。僕のそんな姿を見て、初めは「早くキャッチャーをやめろ。監督に言え」と話していた父も、捕手目線になっていろいろと教えてくれるようになりました。ただ父は、高校で僕が投手に戻ればいいと思っていたようで、夜の練習では変わらずシャドーピッチングの指導を熱心にしてくれていました。

そんな感じで、中学時代も野球中心の生活でした。グラウンドを離れた思い出と言えば、先に触れたように少年時代の僕は仕切るタイプではなかったのですが、中学校では一度、学級委員をしました。立候補したわけではなく、まわりからの推薦でした。野球をやっていたおかげでまじめというか、しっかりしているタイプだと見られていたのかもしれません。野球は団体競技なので、時間とか約束は守っていましたからね。一般的には「まじめ」と見られることが多かったのかもしれないですが、学生時代の友だちからは、なぜか「天然」と言われます。今でもテレビに映ってしゃべっている姿を見て「まじめぶるな！」とメールが来たりします(笑)。天然さを表すような具体的なエピソードは、過去のことも最近の出来事も、自分ではなかなか思いつきません。まわりに印象を残しているのに自分で覚えていないということ自体が、友だちから「天然」と言われるゆえんかもしれませんが……。

両親からは「野球だけやっていても先はない。成績は普通でいいけど、授業はちゃんと受けて提出物は出しなさい」と言われていて、そのとおりやっていたら、「まじめキャラ」になったんですかね。実際に成績は極めて普通で、中学校でも学年で240〜250人いたら120番ぐらい。僕より上なら平均以上、下なら平均以下。勉強に関して言えば、そんな「平均値の目安」のポジションの生徒で、クラスメイトから「光、何点だった？」などと、自分の点数をよく気にされました（笑）。

野球に話を戻すと、中学3年生のときにボーイズリーグの愛知県選抜にキャッチャーとして選ばれました。中学時代の僕はキャッチャーとしてしか見られていなかったのですが、小学校のときに何度も対戦した選手と久しぶりに会うと「なんでキャッチャーやってるんだ？」と言われ、また僕の中で「やっぱりピッチャーをやりたい」という気持ちが沸々とわいてきました。キャッチャーへの興味も少しは持ってきていましたが、それでも、「高校ではピッチャーをやれるのかな。ピッチャーでなくてもキャッチャー以外のポジションをしたいな」という思いが、あのころの僕の中には強くあったのです。

私が見た「伊藤光」の素顔

COLUMN

平野佳寿 投手

YOSHIHISA HIRANO

「光は肝が据《す》わっているから、終盤の競《せ》った場面でも集中して投げられる」

一言で言えば、勉強熱心なやつですね。プロで、ましてキャッチャーですから、相手チームのデータや味方ピッチャーの特徴など、様々なことを研究して当然なんですけど、その中でも光は勉強していますよね。

データもしっかり頭に入れながら、でも、リードは自分の型を押しつけるのではなく、各投手に合わせてやってくれる。その投手の持ち味とその日の調子を考慮して、どのボールを軸にするかを考えている。僕の場合は球種も多くないですし、ほとんどが1イニングの登板ですから、とくに打者が投げられていやな球を軸にするのではなく、僕が自信を持って投げられる球を最優先して配球を組み立ててくれますね。ピッチャーとすれば、やっぱり気持ち的に投げやすい。自分が投げたい球、状態のいい球を要求してくれるので迷いなく腕を振れますから。ただ、その中でもちろん結果を出さないといけないわけで、そこに光の持つデータや感覚をプラスしてサインを出してくれています。

相手打者の攻め方や、組み立てについて光と特別話すことはありません。2014年の終盤など、僕の結果が出ないときもありましたが、あのころも光のほうからとくになにか言ってくるようなことはなかったですね。そこは光の信頼だと思っていましたし、それに結果でこたえないといけないと思って僕もやっていました。もう、組んでそれなりになりますし、言わずともという感じはありますね。

光は二枚目な感じでクールに見えますが、肝が据《す》わっている面をすごく感じます。僕がマウンドへ上がっていくときは、試合展開的には競《せ》っていることがほとんど。毎回、緊迫の場面ですが、光も今ではすっかり場数を踏んできていますから、いつもどっしりしています。その変わらない感じを見て、僕も思いきって自分のボールを投げることだけに集中できます。そういう姿を見ると、光は成長したなあ、と思いますね。

一軍へ上がってきてすぐのころは、うちの各投手や相手チームの打者の特徴を知らない状態で、当たり前ですが、落ち着かない感じもありました。でも、そこから勉強をしながら経験を積んで、みるみる力をつけていった。1年を通してマスクをかぶったのはまだこの2、3年くらいですが、吸収力、学習能力が高い。だから伸び率がすごい。

守りだけでなく、バッティングも力をつけてきていい働きをします。すべて積み重ねの結果だと思います。まだまだこの先、どこまで成長していくか。日本を代表するようなキャッチャーになっていくでしょうね。

光の真っ直ぐに野球に取り組む姿勢や肝の据わった感じなどには、もとの性格、資質に加えて、大きな故障を乗り越えてきて身についた精神力、経験も大きいでしょうね。一時は本当に野球を続けていけるかどうかもわからない状況から立ち直ってきたわけですから。マウンドで苦しんでいる投手、結果が出ずにもがいている選手の気持ちもわかるはず。これもやっぱり光のキャッチャーとしての大きな強みに今はなっていると思います。

光とは、遠征先で一緒にご飯に行ったりもします。ただ、ほかの人といるときはわからないですけど、僕とは野球の話はあまりしないですね。僕が、プライベートでは野球を完全に切り離すほうなので、光なりに気をつかってくれているのかもしれません。そこは後輩でもあり、気づかいのできる男でもありますからね。先輩後輩、誰とでも分け隔てなくつき合いができる大らかさを感じます。

ゴルフもキャンプ中の休日などに一緒に行きますが、性格そのままですね。ミスショットをしても、いいスコアを出してもほとんど変わらない。気分の波が少ないんでしょうね。天性のキャッチャー向きですよ。うちのチームは全体的にまじめな選手が多いのかなと思うことがありますけど、光はその中心のような気がします。

これから年齢を重ねていろんなカラーが出てくるかもしれませんが、オリックスというチームを象徴する選手として、もっともっとみんなを引っ張っていってくれると思います。

22
Buffaloes

HIKARU 22
HIKARU
22
Buffaloes

第3章 覚悟

洗《せん》濯《たく》機《き》確保のための坂ダッシュ

中学時代の東名古屋スターズは試合で大阪に行くこともありました。そのときのプレーを明徳義塾高校のスカウトの方が見てくれていて誘われ、同校への進学を決めたんですが、悩みましたね。愛知県内の高校からも声をかけられ、その1つが名門の中京大学附属中京高校。他校は僕を捕手として見ていたのですが、中京大中京は投手として考えていると。中学時代はピッチャーをしていなかったのに、当時の大藤《おおふじ》敏行監督が、僕が投手をしていた小学生のころを知っていて、評価しているという話を人づてに聞きました。心が揺れましたね。でも、最後に決めたのは明徳。ここでまた、僕は現実を考えて、憧《あこが》れの甲子園に行ける可能性が高いのは、激戦区の愛知県の高校より、高確率で甲子園出場を続けている高知県の明徳、と結論づけたんです。当時の明徳なら、3年間で5回あるチャンスで、何度かは甲子園に行ける雰囲気がありましたから。事実、僕の中学のチームの先輩で憧れでもあった梅田大喜《ひろき》さんは明徳へ進み、1年夏から3年夏まで5季連続で甲子園に出場。それも決断に影響しました。明徳は練習も寮生活も厳しいと聞きましたが、不安はなかったです。むしろ、親から離れて自立した気分になれそうで、楽しみでした。

グラウンドは高知県須崎市の山中で、入口近辺に「野球道場」の立札があり、「虎の穴」といったイメージを持つ人もいるほど厳しいところ。一般社会とは別世界。3年間、野球にすべてを注ぐ覚悟を固めるにはじゅうぶんな場所でした。

僕が高校1年生の夏、チームは甲子園出場を決めました。ベンチ入りしてはいなかったのですが、アルプスタンドで甲子園の気分を味わい、「次は自分たちが！」と思うはずでした。が、抽選会で初戦の相手が西東京代表の日本大学第三高校と決まった直後、上級生の下級生への行いに問題があったとして、まさかの出場辞退。高知高校が急遽《きゅうきょ》、代替《だいたい》出場となりました。実際、上下関係は厳しいと思えることもありました。ただ、僕はあまり苦にならず、実家に帰りたいとも思いませんでした。昔の高校野球の世界を知っている父も、「どこでも似たようなことはあるわ」と言っていて、むしろ、鍛えられてこいという感じでした。

寮は僕らが入る少し前までは3学年の部員全員が1つの大部屋で生活したそうですが、僕らのときは4人部屋で、3年生、2年生が各1人、1年生が2人。同部屋の先輩がそれほど厳しくなかったので、大きなストレスもなかったです。

部屋の中には2段ベッドが2つあって、野球道具などをベッド沿いに並べると、室内ですれ違うときは体を斜めにして行きかいました。ドアをあけて部屋に入るときも、なにかがひっかかってスンナリとはあかなかったほど。

でも、そんな狭さも苦になりませんでした。細かいことが気になる人はストレスがたまったでしょうが、僕は私生活では大雑把《おおざっぱ》で神経質でもないので、平気でした。

寮生活の思い出には、洗濯《せんたく》もあります。当時、部員は3学年で約120人。その中で1年生は練習が終わると、大仕事があります。それは、先輩のユニフォームを洗うための洗濯機の確保。これに1年生は必死なんです。というのも、洗濯機は数台しかなく、のんびりしていると順番待ちになり、あとの予定が滞《とどこお》る。だから1年生は全体練習終了と同時にダッシュ。洗濯機のある寮まではグラウンドから少し距離があり、上り坂もきついんですが、そんなこと言っていられない。締めの練習みたいなものでした。でも、僕は小学生のころから家の前の上り坂で鍛えられていたので、坂ダッシュは得意。いつも、誰より早く洗濯機を確保していました(笑)。確保後、先輩が自主練習を終えてユニフォームを出すまでのあいだに食事したり、僕も自分の夜間練習をしたり、先輩が早く出してくれれば先に洗濯をしたり。夜間練習は9時までで、消灯の点呼は10時半。夜中に洗濯機は使えないので、先輩のユニフォームの洗濯のあとは風呂に入って1日が終了。ただ、予定どおりに行かず風呂に入れないことも多く、外の水道で泥を落とすだけということもありました。

でも、寮生活で身のまわりのことや先輩たちの洗濯、それに食事の準備などを経験し、わかったのはやはり親のありがたみ。感謝の心に気づけたことは大きかったです。

キャッチャーへの決意、そして最後の夏

明徳にはキャッチャーで入りましたが、まだ「ほかのポジションでやりたい」という思いを持っていました。入学後すぐの練習でバッテリーはブルペンに集められ、

キャッチャーは僕を入れて1年だけで7人。「こんなにいるなら自分じゃなくていいのでは?」と思い、球を受けたあとピッチャーのグラブを借りて、マウンドから投げてみました。マウンドを目の前にして「元ピッチャー」の血が騒ぎ、さりげないアピールのつもりもあったんです。でも、2、3球投げたら馬淵史郎《まぶちしろう》監督から「お前はキャッチャーや!」と一喝され、僕のささやかな抵抗は終わりました(笑)。

ただ実は、最初に試合に出たのは内野手としてでした。1年上に永松泰典《ながまったいすけ》さんというすごいキャッチャーがいて、3年時は4番でキャプテン。今も社会人野球の鷺《さぎの》宮《みや》製作所でプレーされていますが、2年からレギュラーでした。なので、僕の捕手としての出番はなく、2年に上がるころからは内野で試合に出始めるようになったのです。

先にも書きましたが、僕が1年生の05年夏、チームは甲子園大会を出場辞退し、6か月の対外試合禁止。つまり、秋季大会出場も練習試合もできない。通常の練習のほか、2学年で4チームを作っての紅白戦を繰り返していました。その中で内野も少し守るようになったのです。永松さんのキャッチャーは代わらないですから、馬淵さん(当時は部長。06年8月、監督に復帰)が僕を試合で使いたいと思い、試してくれたのだと思います。

内野経験も積み、謹慎明けの06年3月、新チーム初の対外的な練習試合が組まれ、僕は5番サードでスタメン出場。久しぶりに他校と試合ができる喜びと、キャッチャー以外で試合に出る楽しみで、ワクワクしました。サードをやりながら、謹慎明け初の公式大会となった春の高知大会や、勝ち上がって出場となった四国大会では、背番号3をつけてファーストを中心に出場。下級生なので、先輩との兼ね合いもあっての配置だと思います。ただ、2年夏は背番号16で試合には出たり出なかったり。永松さんがヒジを痛めたので捕手の控えで少し試合に出たりという感じでした。チームも高知県大会決勝で高知商業高校に負けて、甲子園には出られませんでした。

先輩が部を卒業し、自分たちの代となった2年秋。本格的にキャッチャーに戻ることとなりました。が、高知大会で準優勝したものの、続いて出場した四国大会で初戦敗退。勝ち上がれば翌07年春のセンバツ（選抜大会）につながるところでしたが、1回戦で愛媛県の川之江高校相手に大敗でした。「甲子園に出られる」と楽観視して進学した明徳だったはずです。でも、残る最後の3年夏までで5回甲子園出場のチャンスがあるうちの4回は、すでにこの地区大会で消えています。「まだ1回も甲子園に出られていない。こんなはずじゃなかった」という思いに包まれる中、実はこの2年秋の大会直後に、僕はキャッチャーをクビになったのです。

2年秋の大会後、冬のトレーニングに入るタイミングで、馬淵監督から「明日からピッチャーをやれ」と言われました。詳しい理由は当時もそのあとも聞かされておらず、チーム全体を考えて監督が判断されたのでしょうが、僕は川之江高校にワンサイドで打たれて負けたので捕手をクビになり、投手に回されたと思いました。

でも、ショックはなかったです。まだキャッチャーを進んでやりたいとは思っていなかったからです。そんな気持ちを抱えながらも、負けられない責任感は重い。しかも、馬淵監督の野球は細かいので自然とキャッチャーへ求めるものも多くなり、レギュラーを任されてからも、いつかはキャッチャーをやめたいという気持ちがどこかに残っていました。だから、「キャッチャーを外されるのは、かえってチャンス」と思ったのが正直な気持ちでした。それに、コンバート先はピッチャー。小学生でエースを経験して以来、ピッチャーへの思いは僕の中にずっとありましたからね。

そこから冬のあいだは、投手のトレーニングをして、ブルペンで投げ込みもしました。高校野球界では3月の第1週あたりまで他校との練習試合が禁止なのですが、解禁となってからは、レギュラーメンバーが出る試合で先発。けっこう抑えて、このまま夏までエースとして行きたいという気持ちになっていました。高校最後の3年夏に、憧れの松坂大輔さんも最高の輝きを放った甲子園のマウンドに立つ。そして勝つ……。そんなことも思っていました。あの時期は楽しかったです(笑)。ただ、「このままいけるかも」と思っていた投手生活は長くは続きませんでした。

あれは3年生になった直後、4月の県大会前の練習試合でした。あのころはピッチャーとして投げないときはショートを守ることが多く、その試合もショートで出場。試合は淡々と進んでいきましたが、途中、キャッチャーをやっていた選手が続けてパスボールをしたのです。それをショートから見ながら、いやな予感がしたら、やはり試合途中で馬淵監督から「次の回からキャッチャーをやれ」と言われました。がっくりでしたね(笑)。その後、4月の県大会でキャッチャーに戻って、打順は3番で出場することになりました。

ただ、すでに県大会へのメンバー提出は完了し、僕は背番号6で登録されていました。その番号のまま試合に出ることになったので、裏事情を知らない他校の人は、「なんで、伊藤が背番号6でキャッチャーをやってる？」と思ったことでしょう。知り合いの選手たちからは、顔を合わすたびに、その理由を聞かれました。

でも、あの練習試合で先発のキャッチャーが何事もなくプレーを続けていたら、その後の僕がどこを守って試合に出ていたのかわかりません。キャッチャーに戻ることなく高校生活を終えていたとしたら、僕の野球人生もどうなっていたのか。キャッチャーへ戻ることになった際には、そのときのキャッチャーに対して、「ちゃんとやれよ」と思えて仕方なかったのですが、もしかすると、今の僕があるのはあの試合があったからかもしれない。そう思うと、なんとも不思議なものですよね。

ただ、「最後の」ピッチャーとしての経験は、キャッチャーに復帰してから大いに役立ちました。投手として、それまで抑えてはいたものの、実は球が速かったわけではなかったんです。年々、肩は強くなっていましたが、球速は思ったより出なくて130キロくらい。「ショボ」と思っていました(笑)。投手から離れていたあいだに、野手向きの投げ方になっていたこともあったのでしょう。でも逆に、その真っ直ぐと特別でもない変化球で打者を抑えられた理由は、考え方の部分が大きかったんです。

例えば、改めてピッチャーをやって気がついたことの1つがこんなことです。マウンドに立つとピッチャーは、完璧《かんぺき》に投げて抑えたいと思うもの。でも、試合の中には、完璧な球でなくても抑えられる場面がいくつもある。つまり、完璧を求めすぎないことが逆に相手を抑えたり、試合をしっかり作ることにもつながる、ということに改めて気づいたのです。バッターも甘いところに来たからといってすべてヒットにはできません。それを自分がピッチャーとして投げながら痛感しました。投げた瞬間、「しまった」と思っても打ち損じてファウルになったり、簡単に見逃してくれたりすることが何回もあった。それまでも頭ではわかっていても、つい甘い球はなんでもダメだと思いすぎていることが多くありました。もちろん、練習ではしっかり狙ったところへ投げることが重要。でも、試合の中では完璧主義になりすぎるとかえって自分を苦しめることに気づき、それがキャッチャーに戻ったときにも役立ったというわけです。

考え方が窮屈《きゅうくつ》にならなくなったというか、むしろ広がりましたし、ピッチャーにそういった目線でアドバイスもできました。監督の狙いはわかりませんが、僕にとってはキャッチャーとしての幅を広げる意味でも貴重な「ピッチャー転向」でした。

そして、キャッチャー復帰後、良い結果も出始め、プロやマスコミから注目してもらえるようになりました。そうした状況でようやく僕の中でも、この先もキャッチャーとして勝負していこうという決意が固まったんです。でも、高校3年になってこの感じというのは、ある意味、珍しいと思います。とくにキャッチャーというポジションは経験が問われますし、プロへ進むようなら早くからキャッチャー一筋という選手も少なくないでしょうからね。ただ、僕の場合はこの決意に至るまでに様々な経験を積めたことで、逆に、キャッチャーで勝負するとなったとき、「絶対、このポジションで一流になってやる、プロの世界でも誰にも負けない選手になってみせる」と、強い信念を持つことができたんだと思います。

そして、いよいよ最後の夏です。県大会では順調に勝ち上がり、決勝に進みました。夏に関しては1年のとき、僕はメンバー外でしたが、チームは高知大会を突破。でも、甲子園大会直前に出場辞退。ベンチ入りした2年のときは、県大会決勝で敗退。「今度の夏こそは」と、みんな気合いが入っていました。明徳義塾高校に進むまでは、「高知県は明徳しかない」くらいに思っていたのが、いざ試合をしてみると、当たり前ですが、明徳以外にも強い高校がありました。その筆頭が、僕らのときは高知高校。過去に甲子園で春夏ともに全国制覇の経験を持つ伝統校ですから当然力を持っていたのですが、僕らの代はとくに強くて僕の2年秋には、四国大会、神宮大会と優勝。翌年もセンバツ、春の四国大会にも出場し、迎えた夏でした。当時の高知高校は、國尾健人《くにおけんと》、森田将之《まさゆき》の本格派2枚がそろうなど、投手陣が強力でした。その高知と最後の夏の県大会決勝でまたもや当たったのです。

新チームになってから公式戦の対戦成績は2勝2敗。そこにはジンクスみたいなものがありました。それは明徳も高知も勝ったときは先攻ということ。そんな話をチームメイトとしていて、先攻を取ったほうが有利な気分で戦いに入れると思っていました。ところが決勝当日、ジャンケンから戻ったキャプテンは「後攻」と言ったのです。僕らはてっきりジャンケンに負けたと思ったら、なんと勝って後攻を取ったとのこと。馬淵監督の息子・馬淵烈《つよし》がキャプテンだったのですが、あのときはみんな「なんでや!?」と変な空気になりました。聞いたら「9回表を抑えて勝って、みんなでマウンドに集まるイメージがあった」と言うんですが、余裕を持って戦える相手ではなく、正直「そんなこと関係ないやろ」という気分にちょっとなりましたね。実際には、キャプテンなりにほかの考えがあったのかもしれませんが。そんな微妙な空気のまま試合前の整列を行い、プレイボール。結果は1対7の完敗でした。一丸となって戦わなければ絶対に勝てない相手に対して、そうなれていなかったかなと思いましたし、まとまりの大切さを改めて教えてくれる敗戦でした。

でも、試合終了直後は負けを認めたくない気持ちも強く、本当は悔しくてたまらなかったんですけど、すぐには涙も出ませんでした。これで高校野球が終わったという実感もなかった。ところが、表彰式でメダルを首にかけられた瞬間、一気に感情が込み上げ、ヒザから崩れて泣いてしまいました。優勝チームは赤いリボンに金メダル、僕ら準優勝チームには紫のリボンに銀メダルが授与されたんですが、紫のリボンを見た瞬間、勝者と敗者が分かれた現実を見せつけられた気分になったんです。「自分たちは負けたんだ。これで高校野球は終わったんだ」と。最後の試合でどこか完全燃焼できなかったり、試合前の一件を負ける予感と結びつけたりした自分もいたんですが、そんなことは全部吹っ飛び、とにかく負けた、すべて終わったという現実感。今、思い出しても切ない気分がよみがえってきますね。

14年のパ・リーグ優勝をかけた福岡ソフトバンク戦でサヨナラ負けしたときもそうでしたが、僕は程良くは泣けないんです。泣くとなったら涙があふれ出て、止まらないくらいに泣いてしまう。でも、野球人生を振り返ってみて、そのソフトバンク戦以外で試合に負けて泣き崩れたのは、高校最後の夏の高知高校戦だけ。それだけの強い思いが、最後にわき出たんですよね。

甲子園に出るために選んだ明徳義塾高校での3年間は本当に生活のすべてが野球でした。野球以外に学校生活でのエピソードはなにも思いつかないくらいです。プロとはまた違う意味ですべてが野球。あの寮での生活、グラウンドでの厳しい練習。今はまわりからクールに見られているかもしれない僕も、当時はやっぱり熱さがもっと表に出て、青春していたと思います。たくさんの仲間とも出会うことができ、かけがえのない3年間を経て、いよいよ次のステージへと向かっていったのです。

私が見た「伊藤光」の素顔

COLUMN

西 勇輝 投手

YUKI NISHI

「野球の話を始めると止まらない熱さ。歌うコブクロの詞にも合っています」

「光さんって、どんな性格なの?」と聞かれたら、迷わず「熱い」って答えますね。単に「熱い」じゃ、足りなくて「すごく熱い」。ファンの人も光さんのプレーを見ていたらわかると思いますけど、その印象のとおりです。

僕は2009年のオリックス入団で、光さんは1年先輩。年も近くて同じ高卒。ピッチャーとキャッチャーの関係もあり、すぐに親しくさせてもらうようになりました。でも、僕が入った年に光さんは椎間板《ついかんばん》ヘルニアの重症を負ったので、初めはとにかく大変な状況で頑張っている姿を見ていた感じですね。

でも、そこから徐々に復帰されて、ファームでバッテリーを組むようになってからは、本当に近い関係に。寮も同じだったので風呂も一緒に入って、外に食事に行くときも一緒。光さんも僕も野球の話をし始めたら止まらないので気づいたら長風呂になっていたり、僕はお酒を飲まないんですけど、ご飯を食べに行ってそのまま話し込んだり……。

たまには野球以外のこともしようとなって映画に一緒に行くこともあります。でも、そこでも、見終わった映画の話から気づいたら野球の話になっている(笑)。結局、全部、話が野球につながるんですよね。今も遠征先でよくご飯を食べに行かせてもらいますが、そこでもやっぱり同じですね。

野球以外の話で光さんと言えば……。カラオケに行くと光さんは、コブクロを熱唱します。光さんの熱い思いがコブクロの歌詞の感じにも合っていて、これがなかなかいいんです。

こうして、懐《なつ》かしい時代の話をしていると、ファームのころから一緒に頑張ってここまでこられたんだという気持ちが、よりわいてきますね。一軍で活躍できるようになったタイミングも近いですし、よけいにそうですね。

ファームのころ、光さんによく言われたのは「簡単にあきらめるな」「力を入れすぎるな」という2つです。僕も経験が少ない時期で、すぐに力《りき》んで一本調子になったり、点を取られると、もうダメかという感じになっていたんですよね。そういうときに「次の1点をやったらダメなんだ」「ここで踏ん張れるかどうかや」と、まさに叱咤激励《しったげきれい》してくれました。ホントに育ててもらったという思いが強いです。

いろんなことを言われても素直に聞けるのは、光さん自身が、練習にしても、相手チームの研究にしても、誰よりされているというのが見えるから。本当に勉強熱心でこの人の言うことなら間違いないと思えますから。しかも、それをサラッとやっているところが格好いい。もちろん、試合のときも安心してピッチングに専念できます。

僕にとって、光さんはホントに兄貴みたいな存在です。でも、それでいながら、光さんは僕を同い年のような感じで見てくれている気がします。だから、年上、年下という感じを忘れることができて、光さんとだといつも僕は自然体でいられる。すごくリラックスできるんです。

光さんとの思い出の1つはやっぱり12年の10月に達成したノーヒットノーランですね。特別に調子が良かったかと言えばそこまででもなかったんですけど、コントロールはまとまっていて、それを光さんがうまくリードしてくれたおかげでした。

なんといっても、あのときは福岡ドーム（現・福岡ヤフオク!ドーム）で小久保裕紀さんの引退試合。そこでノーヒットノーランでしたからね。最終回は「ここまで来たら、絶対達成してやる」と思っていましたけど、いざ達成したら、その瞬間、喜んでいいのかどうかわからなかった。球場はずっと小久保さんの引退を惜しむ空気でいっぱいでしたからね。

でも、ゲームセットの瞬間、光さんがうれし泣きしそうな顔で、ガッツポーズを作ってマウンドへ来てくれた。その姿を見て、僕も喜びを爆発させることができたんです。もし、ああいう感じで光さんが来てくれてなかったら、僕はベンチの裏でひっそり喜んでいたくらいだったかもしれなかったです（笑）。なにより光さんと組んで大きな結果を残せて、マウンドで喜び合えたことがうれしかった。次は優勝の喜びを、光さんと味わいたいですね。

がんばろう
日本
22

HIKARU
22
Buffaloes

HIKARU
22
22
22

HIKARU
22

#NEWPROTOTYPE

22
22

22
NPB
HIKARU 22
HIKARU
22
Buffaloes

HIKARU 22
HIKARU
22
Buffaloes

Buffaloes
22

Buffaloes
22

Bs
Buffaloes
22

がんばろう!
日本
HIKARU
22

22

ITOH
22

DAIKYO
HIKARU
22
Buffaloes

22
HIKARU
22
Buffaloes
22
HIKARU
22
Buffaloes

Buffaloes

ITOH
22

Buffaloes
22

がんばろう!
日本
HIKARU 22
HIKARU
22
Buffaloes

SOLAR FRONTIER
Buffaloes

DAIKYO
ITOI
7
がんばろう!
日本

ITOH
22
FURUKAWA
67
ITOH
22

Buffaloes

HIKARU 22

22

22
HIKARU
HIKARU
22
Buffaloes

22

Buffaloes
22

ITOH
22
FUSHIMI
23

HIKARU'S COLLECTION

Photo by Hikaru Itoh

第4章
闇《やみ》と光

プロからの注目

結局、甲子園に縁がなかった僕の高校時代ですが、プロに注目されるようになったのは、第3章でお話ししたように3年の春ぐらいからだと思います。高校野球雑誌などに写真入りで取り上げられ、取材を受ける回数も増えました。取材にはなかなか慣れませんでしたが、楽しみながら話をさせてもらいました。注目されたことや、自分自身の決意によって、それまであまり乗り気でなかったキャッチャーに対して前向きに取り組むようになっていったのは前述のとおりです。

同じように3年の春先からは、練習試合などでもスカウトの方が見に来てくれるようになりました。もちろん、僕たちは直接プロ球団の人と関わることはありませんが、練習場の雰囲気やネット裏の様子などでスカウトの方が来ていることがなんとなくわかりました。といって、とくに練習の取り組み方が変わるわけではないんですが。

そういえば、ある試合の前に監督から、「今日はスカウトが来ているぞ。いつもどおりでいいけど、スカウトがいることも少し意識してやれ」と言われたことがありました。監督の言葉は、「特別目立つプレーをするのではなく、見られているこ とを意識して、ちゃんとしろよ」というふうに受け取りました。ですので、例えばイニング間の二塁送球は、よりきちっと投げました。しっかりしたスローイングを見せて試合相手にプレッシャーをかけると同時に、自分自身をスカウトの方にアピールしようという気持ちもありました。自分のアピールポイントは、捕ってからのスピードと、肩の強さも含めたスローイングだと思っていましたから。自分の持ち味を出して、見る人には見てもらおうということです。

あのころは城島健司《じょうじまけんじ》さん（元福岡ソフトバンク、シアトル・マリナーズなど）が座ったままで二塁に送球したニュースなどを知って、あんなプレーをしたいと憧《あこが》れたりもしていました。もちろん試合中や全体練習のときにすることはありませんが、自主練習のときに座ったまま二塁送球の練習をしたことはありました。

バッティングでプロ注目と言われる選手は、高校通算50本塁打というようなことで話題になりますが、僕はそっちのタイプじゃなかったですね。最後の夏は3番を打って、長打は多かったと思いますけど、ホームランより、二塁打や三塁打中心。速い打球で外野のあいだを抜いて、あとは足で稼ぐ。そんなタイプの中距離ヒッターでした。盗塁にも積極的で10回走れば7回は成功していたと思います。

当時、四国には僕の同学年に鳴門工業の中田《なかた》祥多《しょうた》捕手（現埼玉西武）がいました。体は大きく、肩も強かった。見るからに攻守にパワフルで、「こういうやつがプロへ行くんやろうな」と思いました。マスコミ的には彼のほうが先に「四国ナンバーワン捕手」と言われ、僕はあと。僕は特定の誰かをライバル視することはないのですが、もちろん誰にも負けたくないという両親譲りの負けず嫌いのＤＮＡも持っています。だから、キャッチャーで評価されて上の世界でやろうと決意してからは、自分の持ち味の、守って打って動ける捕手という点では誰にも負けないつもりでした。

夏の大会後、ドラフト関係の取材も多く受けました。それまでの「四国ナンバーワン」から「高校ナンバーワンキャッチャー」と書いてもらい、「プロに行けるかも」と、遠い夢のプロ野球の世界について、具体的に考えるようになりました。

当時のドラフトは大学・社会人と高校生を別々に行う分離方式。マスコミ報道で僕は高校生ドラフトの上位候補と予想され、望みも高くなりました。希望球団はなかったのですが、上位、いや、1位でいけるなら、という気持ちが生まれてきたのでした。

夢叶《かな》うもオリックス…？

2007年10月3日の高校生ドラフト会議当日。この年のドラフトは、大阪桐蔭《とういん》高校の中田翔（現北海道日本ハム）、仙台育英学園高校の佐藤由規《よしのり》（現東京ヤクルトスワローズ、登録名・由規）、成田高校の唐川侑己《からかわゆうき》（現千葉ロッテマリーンズ）という「高校ビッグ3」が注目されていました。授業が終わるころに1巡目の指名があるというので同級生も気にしていて、そわそわした空気の中で授業を受けました。でも、1巡目での指名はなく、軽いショックを受けました。というのも、当日の朝、馬淵史郎監督から、「ヤクルトと楽天から、1位か外れ1位で考えているという連絡があった」と聞いたからです。ヤクルトは由規をくじで引き当て、楽天は由規をくじ引きで外したあとに札幌南高校の投手・寺田龍平《りゅうへい》を1位指名。僕の指名はありませんでした。あとから「楽天、指名できたやん」と思いましたが、楽天には捕手に嶋基宏《もとひろ》さんらもすでにいましたし、「本当に指名の可能性はあったのかな?」と1人で考えたりもしました。

ともかく、当日の様々な状況によって選手の運命が交錯するのがドラフト。今思い出しても、落ち着かない感じがよみがえります。

そして、3巡目*で僕を指名してくれたのがオリックスでした。プロの世界に入れる喜びの一方、オリックスからの指名と聞いたときの心境は、うれしかったんですが、複雑でした。あくまでそのときの印象ですが、当時のオリックスには、Bクラス続きで低迷中というイメージしかなかったからです。選手もあまり知らず、名前が浮かんだのはイチローさんと、明徳義塾高校から近鉄バファローズに入団し、04年オフの合併でオリックスに在籍していた筧《かけい》裕次郎さんくらい。指名後の会見でも、オリックスについて聞かれ、なにもわからず、少し困りましたが、なんとか乗りきりました。

そんなオリックスとの「出会い」だったのですが、入団したら本当にいい先輩ば

＊オリックスは1巡目に日本ハム、阪神、ソフトバンクと指名が重複した中田翔の抽選に外れ、岐阜城北高校の外野手・丹羽将弥《にわまさや》を指名。この年の制度上、全球団2巡目の指名権がなかったため、実質的には2番目の指名となる。

かりだし、野球に集中できる環境なので、とてもいい球団だとわかりました。指名された瞬間を思い返すと、申し訳ない気持ちです。

でも、指名されてからは気持ちが前に向き、入団までにトレーニングを継続して行いました。寮に入ってからは、ほかの選手の顔と名前を覚えないといけないと思い、選手名鑑を親から送ってもらったことも懐《なつ》かしい思い出です。

プロでの驚きと、2年目のアクシデント

プロ入り1年目の08年。春季キャンプはファームでスタートしました。キャンプ地が高知で、球場も高校のときに試合で使った高知市東部総合運動場。ユニフォームが変わった以外、プロになったという実感がわきにくいスタートでした。今では高知に縁があったと思いますが、あのころは「また高知か」という感じでした。

でも、二軍とはいえ「さすがプロ」と思わせるくらい、高校とはレベルが違いました。5歳上、10歳上の人と一緒に野球をやるのが新鮮であると同時に、実力の差

を痛感。「目の前の人を抜いて、いつか一軍のレギュラーの座を奪わないと、この世界で生きられない」と、決意を新たにしました。

当時のオリックスでは日高剛《たけし》さん（現阪神スカウト）が一軍のレギュラー捕手。僕より一回り上で、実績もじゅうぶんの方です。「1日も早く自分がそのポジションにつく」ということに意識を向けましたが、現実とはギャップがありました。ファームの開幕戦からスタメンで使ってもらったのですが、二軍でもレベルが高く、リードのことで頭がいっぱいに。対バッターだけでなく、ランナーがいれば盗塁やエンドランへのケア、進塁打を決めさせないための配球などにも苦労しました。レベルの高い明徳義塾で鍛えられたつもりでしたが、プロでは、より細かいリードやケアが求められる。投手の持ち味も最大限に引き出さなければならないので、考えることが高校時代とは比べ物にならないほど多く、頭が今まで経験したことがないくらい疲れました。

バッティングへの意識は完全に二の次になり、1年目はファームで43試合に出て打率は1割9分2厘。しかも打席数のおよそ4分の1が三振でした（94打席で、78打数21三振）。楽に打てるピッチャーはいないし、一軍経験がある投手になると、真っ直ぐのスピード、変化球のキレもさらに違う。高校時代は初球からどんどん振っていたのが振れなくなり、追い込まれて崩されて終わりというパターンでした。自分でもまさかこんなに三振をするとは思ってもいなかったです。

また、キャッチャーとしてはピッチャーのコントロールの良さに、なによりも「プロ」を感じました。高校時代なら構えたところに来るのは何球かに一球だったのが、プロではだいたい「ここ」に来る。リードする楽しさを感じました。もちろん、その先こそが難しいのですが。1年目としては守りのほうではそれなりにできた部分もあり、自分としては順調なスタートを切れたと思えるプロ1年目でした。

ところが、大きな期待をいただいていた2年目の09年春に、野球人生を左右しかねないアクシデントに見舞われました。椎間板《ついかんばん》ヘルニアです。キャンプからオープン戦と、一軍帯同を続けていた3月。仙台で楽天とのオープン戦が終わり、神戸へ戻った翌日の午後に鳴尾浜《なるおはま》で阪神との二軍戦に出てから、夜には京セラドーム大阪の本隊と合流することになっていました。それが鳴尾浜でアップのとき、腰に激痛が走ったのです。少し前から腰の張りが取れないとは思っていました。でも、一軍入りもかかった大事な時期に休めないと、こらえながらやっていたら、いよいよ体が悲鳴をあげたのです。病院へ行き、検査の結果、椎間板ヘルニアと判明。重症だと言われ、頭が真っ白に。まだプロに入って2年目。それもプレー中の接触によるケガとかではない故障で、こんなことになるとは……。予想だにしない出来事でした。

でも、落ち込んでばかりもいられず、どう対処していくかを考えました。球団の人とも相談しながら、初めは手術せずに周囲の筋肉を鍛える保存治療を希望しました。しかし、医師から「手術をすれば、99・9パーセント成功し、3か月でグラウンドに戻れる」と言われ、両親とも相談して手術することを決めました。4月なかばに手術を行い、無事に成功。でも、しばらくは普通の生活もままならないどころか、3か月が過ぎても普通に歩けない。かなりあせりました。

秋のキャンプからは普通にプレーできると思っていたのに、近づいてきても完治の兆《きざ》しが見えない。この時期がいちばん不安でした。左足の感覚が故障直後からほとんどなくなっていたのですが、秋になっても変わらない。医師が針で刺してもわからないくらいでしたから。見た目は普通に立っているようでも、地面から左足が浮いている感じが残ったまま。そんな状態でできることは、リハビリ以外になかったです。あのころやっていたメニューは、椅子《いす》に座った状態で太ももの上にベンチプレスの重りを置き、つま先はつけたまま踵《かかと》を上下させたりすること。あとは、階段でつま先だけを段にのせ、踵を上下させてふくらはぎを鍛えたり、NASAが開発したという衝撃を抑えるクッションの上で、ひたすらジャンプを繰り返したり。神経経路が途切《とぎ》れたような状態だったので、少しずつつながるのを待ちながら、感覚を戻していくしかない。本当に地道な作業の繰り返しでした。

時間がたつごとに神経は上から下につながるということで、腰から太もも、ふくらはぎ、つま先と、少しずつ神経が通い、自分の意思で足も動かせるようになりました。キャッチボールをできるようになったのが9月の終わり。でも全然投げていなかったので塁間まで距離を広げないうちに肩が痛くなるし、ふくらはぎに力が入らないから踏ん張れない。キャッチャーの位置から二塁ベースまで投げようとして左足に体重を乗せようとしたら、その瞬間にガクンと下半身の力が抜けたような感覚になり、手を離れたボールはマウンド付近でワンバウンドして転がりました。今では笑い話でも、「こんな調子で復帰できるのか」と、当時は本当に不安でたまりませんでした。11月になると、チームは神戸で秋季練習。「みんなと一緒のほうがリハビリするにも張りが出るだろう」という球団の配慮で僕も参加させてもらいました。

リハビリを続けながら少しずつバットも振り始め、ティーバッティングまではできるようになっていきました。守備面は下半身をほとんど使わずにやる軽いキャッチボールくらいでした。

ようやくこのあたりから先も見え始め、オフや自主トレのあいだも、リハビリと軽い攻守の練習メニューを継続。その中で、動きはまだまだながら、キャッチャーとして座ってボールを捕れるようになっていきました。そして、翌10年2月の宮古島でのファームの春季キャンプでは、ブルペンで投手陣の球を普通に受けられるようになりました。徐々にファームの通常メニューをこなせるようになり、待望の実戦復帰は09年3月の故障発症から1年2か月後の10年5月。ファームの試合に出場すると、6月には復帰後の初ヒットも打ちました。ツーベースコースの当たりだったのに、足がまだ完治には程遠く、ファースト止まり。それでも一塁ベースに立ったところで、ボロボロ涙が出ました。「また、野球ができるようになったんだ。ヒットを打てるまでに回復したんだ」という喜びの感情が込み上げたのです。「プロの世界でもう1回勝負できる」と実感できたのは、このときでした。少しずつ出場回数を増やしていき、夏ごろには、スピード感はまだまだでしたけど、まわりから「走っている格好は普通っぽくなってきた」と言われるようになり、うれしかったですね。

後遺症との戦い

復帰後は、動き自体はまだ戻っていなくても、戦列から離れたことによる捕手としての頭の部分や感覚についての不安はありませんでした。リハビリ中は、夜はテレビで一軍の試合を見ながら、実戦の感覚は養っていましたし、体が動くようになれば守りはなんとかなるだろうと思っていました。実際、そのとおりでした。実は今もまだ完治していないのですが、もちろん、復帰当初に比べると遥《はる》かに良い状態です。復帰直後は左足にしびれが残っていましたから。その状態の中で、いかに強い球を投げるか、強い打球を飛ばすか。必死に考えました。例えばスローイングでは、普通は左足を送球方向に真っ直ぐ踏み出して投げますが、それだと左足が弱くなった分、球に力が乗らない。力が外へ逃げるのです。だから、つま先を真っ直ぐよりも少し内側に向けた形にして投げたら、お尻のあたりに力が入り、強い球が投げられた。だから、しばらくはその形で投げていました。

キャッチングに関しては、初動の反応が課題でした。とくに右打者の内角に来るショートバウンドへの反応が、左足のケリが弱い分遅れ気味。だから左投手のスライダーのショートバウンドなどは、気をつかいました。対策は、捕手の基本でもあるんですが、ボールの来る角度に体をしっかり向けて、体の前に落とす。それを徹底すると同時に、一瞬でも早く反応できるようにと、心の準備にも気を配りました。

バッティングも、スローイングと同様に、足の置き方を工夫しました。普通は体の回転をしやすくするために、右打者なら左足のつま先を平行よりも少し開き気味にしながらステップし、その流れでスイングの回転へと移ります。でも、当時の僕は左足のつま先ができるだけ開かないように踏み出して打つようにしたのです。この形が当時の僕の体ではいちばん力が出せました。ただ、ヒザを柔らかく使いにくくもなり、各コースに対応するバットコントロールがスムーズにいかなくなることも。とくに外へ逃げる球には、粘り強いスイングで対応することが難しく、苦労しました。だから、デッドボール覚悟でホームベース寄りのラインギリギリに立ったりもしました。ただ、復帰してしばらくはブランクからボール自体が怖かったりもして、そのレベルから感覚を戻していかなければなりませんでした。

体も徐々に動き、守備も打撃も普通の形に近づきましたが、前述のように、今も「本当の普通」にまでは戻っていません。左足のふくらはぎは右の半分ぐらいしか力が出ません。打つ、捕る、投げるのすべてで、一瞬の踏ん張りや力の入り方が万全ではなく、プレーにいくらか影響しています。走るのも、右では100の力で地面を蹴られるのが、左は40パーセント程度。進むスピードにも影響が出ます。もともと走るのが好きだったので、足が遅くなったのが、よけいもどかしいです。手術する際に、成功自体を保証されてはいたものの、実は「100の力に戻ることはない」とも言われていました。まさに、実感として100はおろか、その手前までも近づいていない。自分なりの体の使い方を身につけながらプレーしていますが、治るスピードが遅いという不安はあります。でも、あせって左足の強化ばかりして、そこへ野球独自の動きもプラスされて負荷がかかると、筋肉量が少ない分、左足に疲労がたまり、さらなる故障につながる可能性がある。そのへんにもじゅうぶん注意しなければなりません。

少しでもいい状態に近づけるように、シーズン中も筋力を回復するようなメニューをトレーニングコーチが考えてくれています。逆に考えれば、まだ万全な体じゃないということは、これからもっと状態が上がり、いいプレーができる可能性もあるということ。この大きなハンディキャップとつき合いながら今後どれだけの結果を出すことができるのか。自分の人生を試されていると思って野球と向き合っています。

選手生命の危機で学んだこと

それでも一時は、「プロ野球選手としてプレーするのは無理だろうな」と思うこともありました。「今から野球関係の仕事をするとしたら、なにがあるだろう?」

と考えたりもしました。リハビリ中、そんな弱気な思いが浮かんでも、親には後ろ向きなことは言わなかったです。電話で話すときも、「順調に治っている」とだけ言っていました。不安を漏らしても心配を大きくするだけ。ここまでいろいろと僕に手をかけてくれたので、「今さら弱気なことは言えない」という思いはすごくありました。そんな中でまた、親への感謝の気持ちはいっそう強くなったと思います。

選手は、できるなら故障はしないほうがいい。まして僕のような大きな故障はないほうがいいに決まっています。でも、故障をしたことで、気づくことがたくさんありました。いちばんは自分がどれだけの人に支えられてここまで野球をすることができていたか、ということです。あの病状の中では本当に心身ともに苦しくなって、もがき続けながら助けを求める自分がいましたから。両親や友だち、チームメイト、球団関係者……。そこに様々な人の支えがあったからこそ、こうして復帰することができた。当時のファームでは今一軍で一緒に頑張っているT-岡田さんや西勇輝らが猛練習をしていて、僕にとっての励《はげ》みとなりました。岡田さんは、なにを言うということでなくても、地道《じみち》にリハビリをするしかない僕を温かく見守ってくれていました。特別になにかされるより、普通に接してくれることで、「光、待ってるぞ」という声をかけてもらってるような気がしました。また、僕がドラフトで指名してもらったときにスカウトをされていた古屋英夫さん（現阪神二軍監督）が当時、二軍監督。「無理するな、急ぐなよ」と、気にかけてもらい、リハビリに専念できました。

故障をしたことでそうした支えに深く気づけたのは、野球人生、いや僕の生涯を考えると、本当に大きなことです。僕自身も大きな山を乗り越えて、メンタル的に強くなったと思います。何事に対しても言い訳が浮かばなくなったというか、言い訳を考えるぐらいなら、次に目を向けたほうがいいと思えるようになりましたね。

高校時代まで線が細かったのですが、プロで3年、4年とすごすうちに親からも会うたびに「大きくなった」と言われました。高校時代70キロ程度だった体重が77キロくらいにまでになり、実が入ったのです。今は83キロくらい。キャッチャーは接触プレーも多いので、機敏に動ける範囲で体の大きさは欲しいですし、強さも必要。僕が思う体の強い選手とは、少々のケガはあっても試合に出続けて、結果を出す選手のことです。その点、僕も年々ケガには強くなってきたかなとは思っています。

二軍時代に肋骨《ろっこつ》を疲労骨折したときも公式戦には休まず出ましたし、12年に打者のバットが頭に当たって担架《たんか》で運ばれたときも、幸い打撲という診断だったので次の試合には出場しました。

14年も交流戦明けすぐの7月に右手の薬指《くすりゆび》の靭帯《じんたい》を痛めたのですが、なんとか試合に出続けました。チームが上位争いをする中、森脇浩司監督（当時）からも「こういう状況だからこそ最善の努力をして、出ることが重要じゃないのか。簡単にポジションを譲っていいのか」と言われました。もちろん、監督は僕の症状が軽度であることを理解されたうえでおっしゃっていて、そのときは自分でも「少し無理をすれば、なんとか出られる。出なきゃいけない」と考えていて、監督に言われる前から出るつもりでした。スタメン発表の5分前に監督にはっきり出場の意思を伝えて、ゲームに出ました。そこから休まず出続けるうちに、痛みは抱えながらも、ケガに対する自信がつきました。「これぐらいなら出られる」というケガに対する耐性や対応力が上がり、精神的にも強くなれたと思います。

また、11年9月11日のほっともっとフィールド神戸での埼玉西武戦で、相手選手から本塁上でタックルを受けて飛ばされ、右手の人差し指を骨折したこともありました。犠牲フライとなりそうな場面で、三塁走者が猛烈な勢いで向かってきて、飛ばされたのです。最初は脇腹に痛みがありましたが、打席に入ったら右手の人差し指が折れているのに気がついたんです。全治1か月半で、さすがにこのときは試合に出続けることはできませんでした。

この骨折のあと、しばらくは本塁上でのクロスプレーに恐怖心が残りました。でも、ビビっていると思われるのはいやでした。今はふっ飛ばされてもアウトが取ればいいと腹を決めています。ただ、当たられ方は考えました。前は突っ込んでくるランナーに対して正面を向いていましたが、今はランナーに正対しないように、少し斜めを向いています。このほうが相手の力を逃がすことができるので、ダメージがいくらかは少ないからです。捕手はケガのリスクが多いポジションですが、防げるケガは防がなければいけない。それでもケガを負ったら、その故障の程度にもよりますが、できるだけ試合に出ながら治していくのがいいのではないかと考えています。これからもケガに強い選手として試合に出続けたいと思っています。

私が見た「伊藤光」の素顔

COLUMN

RYOICHI ADACHI

安達了一 内野手

「涙から熱いものが伝わる。オシャレだけど、『俺って格好いい』って思ってる？（笑）」

僕は年齢的にはT（-岡田）と一緒で、光よりも2つ上になります。ただ、社会人からの入団だったので、入ったときには高卒の光はもう一軍で試合に出ていました。初めから、落ち着いているなあ、という印象が強かったですね。

この第一印象は今も変わらなくて、僕が思う光のイメージというのは「あわてないやつ」ですね。どんなときでも、動揺したり、あせったりしているところを見たことがない。野球ではもちろん、普段の姿を思い返しても、バタバタしている姿が想像さえできないんですよ。僕もそうですが、ほかの人なら、完全にリラックスしたり、気をゆるめたりしていると、思わぬミスをすることがありますけど、光に関してはまったくない。

僕が知る限りですが、学生時代から次の日の準備とかをしっかりするタイプだったんじゃないですか？　僕の見立てではそんな感じです（笑）。

試合中のベンチでもけっこう隣にいることがありますね。ベンチっていうのは若い選手ほど監督に近い場所に座るように自然となっているんですけど、僕らはまだけっこうそのあたりのポジションで並んでいます(笑)。試合中はお互い試合に集中しているのであまり話すこともないですけど、光は常に落ち着いていますよね。その空気は感じます。

いざプレーになると当然、熱くなるときもありますが、あまりそれを表に出さないので、クールなイメージが強い。感情が出るのは、たまに死球をめぐって殺気立ったときとか、あとは試合が終わったときですね。

でも、光を見ていても改めて思いますけど、キャッチャーって大変ですよね。守備もあれだけやって、バッティングも考えないといけないし、そこにピッチャーとのコミュニケーションもある。僕なんかより、野球のことを考えている時間が格段に長いんだと思います。キャッチャーでなくて良かったと思います(笑)。

僕はけっこうTと食事に行くことが多いんですが、そこに後輩とかも来て、光もよく入ってますね。僕はあまりお酒を飲まないんですけど、光がお酒を飲んでどうなるのか?

オフとかに一緒にガッツリ飲むことでもあれば、もしかしたら普段と違う一面が見られるかもしれないですね。どうなんでしょう。どこまでも落ち着いていてあわてることも乱れることもないのか、それとも……。ちなみに僕はもともとお酒は飲めるほうで、社会人時代も飲んでいたんですけど、プロに入って飲まなくなりましたね。

2015年から光は選手会長になりました。本当に適任だと思います。Tとか僕はあまりそっちのタイプじゃないと思いますし（笑）、若い選手の中では、駿太あたりが将来そういう感じになるかもしれないですけど。今なら光が適任ですね。球団との折衝《せっしょう》とかもしっかりできそうですし、グラウンド以外でも頼りになりますよね。

光は普段は冷静で、常にまわりを見ることができる。熱いものは胸の中に持っていて、それがいよいよというときに爆発するんですね。14年の最後に優勝をのがした福岡ソフトバンク戦での涙は、ファンの人もジンときたと思いますけど、僕ら同じユニフォームを着て戦っている者にも熱い気持ちが伝わってきました。

そんな光効果も大きいのでしょう、オリックスもここ最近、女性ファンが増えました。やっぱり、球場全体の雰囲気も明るくなるっていうか、女性から声援をもらうと元気が出ますよね。いや、男性からの声も、もちろん力にはなるんですけど（笑）。

私服もオシャレですし、確かに人気は出ますよね。本人もどこかでちょっとは「俺って格好いいな」とか思ってないんですかね？（笑）。あの顔で私服がダサかったりしたら、それはそれでツッコミどころなんですけど、ラフな感じのときでも、パリッとしたときでも格好いいんです。うちの中では光、駿太、糸井嘉男さんあたりですよね、女性ファンに人気が高いのは。僕もTも既婚者ですし、光には勝てません。まあ、結婚していてもしてなくても、あんまり関係ないですかね、僕らは。Tと2人、野球で頑張ります（笑）。

Atlantic Ocean

Bs
22

サニクリーン
Coca-Cola

DAIKYO

22
DAIKYO
22

第5章 オンとオフ

深夜のビデオルームと、捕手としての心がけ

ファームで実戦に復帰したのが2010年。次は、どうやったら一軍に上がれるか、レギュラーになれるかを考えました。あのころは一軍バッテリーの盗塁阻止率が低くなっていたので、アピールするところはスローイング。当時の岡田彰布《あきのぶ》監督が目をかけてくれ、一軍に抜擢《ばってき》してもらいました。とにかく「伊藤を使いたい」と首脳陣に思ってもらえるようにと、キャンプ、オープン戦から必死にプレーしました。結果、11年シーズンは一軍の公式戦66試合に出場。再上昇の起点の年となりました。

この年は東日本大震災の影響で開幕戦が4月12日と例年よりも遅く組まれましたが、初めて開幕スタメンも経験。さらに大きな自信になったのが、開幕2戦目で寺原隼人《はやと》さん（現福岡ソフトバンク）と組み、完封勝利を飾れたことです。漠然《ばくぜん》とした自信みたいなものを感じることができ、「これで一軍でもやっていける」と思えましたから。ただ、今もそれほどは変わりませんが、当時を振り返ると、本当に毎

日必死でした。一軍の捕手となると、やることや覚えることがたくさん。もちろん、相手打者のデータが中心です。僕は覚えること自体は苦でなく、相手打者の苦手コースや球種、前回の対戦パターンなどを頭に入れるだけなら、それほど難しくはありません。問題は、データをいくら覚えてもそのとおりにいかないことです。

過去のデータからは弱いとされるコースや球種でも、打者は10球中1球くらいならヒットにすることもある。試合を決める場面でその1本を打たれたら、それまで完璧《かんぺき》に抑えていても意味がない。一軍で出場し始めた当初はデータをかなりの部分で信じ、頭に詰め込みました。

でも、当時と今では、データに対する考え方が少し変わりました。今も、事前にしっかりデータを頭に入れて試合に臨むことは当然の準備として行っています。その場その場で、より確率の高い作戦を選択するためにもデータは必要です。ただ、頼りすぎもいけない。データを頭に入れつつも、最後は試合状況、投手や打者の状態から総合的にジャッジした選択を心がけるようになりました。こうした考え方ができるようになってきたのも、経験を積めたからだと思います。

最終判断はあくまでその場ですが、やはりデータは大事で、各打者の得意、不得意コース・球種の確認のほか、打席内での反応や最近の状態を知るために、捕手には大事な予習の時間があります。例えば遠征先でナイターを終えて宿に戻ると、風呂、食事で、すぐ夜中の12時くらいになりますが、そこから僕はホテルの宿泊部屋とは別にチームが確保している通称「ビデオルーム」で、次の対戦チームの映像を見ます。映像は直近のものが中心で、相手チームがこちらの予告先発の投手に対してどんな策を練るか、想像しながら見ます。

打順どおりに見るときもあれば、１人１人の打席を４打席、５打席と、つなげて見ることもあります。気になる選手は１球１球の反応までチェックします。踏み込みの位置や開き具合からそのときなにを狙ったのか、その反応を見せた次はどの球を狙ったかといった感じです。もちろん、そこに最近の調子の良し悪《あ》しなども踏まえながら見ます。調子が悪いことによって、いつもは苦手とするコースにかえって対応できてしまうこともありますから、今、どの球なら崩せる可能性が高いのかと考えます。１００％の答えはありません。でも、１００％に近づけるための徹底した予習は大事。事前のシミュレーションが、ここ一番でサインを出すときに僕から迷いを消してくれます。覚悟を決めたリードをすることができるのです。

映像を見るのは試合の終わり時間などにもよりますが、だいたい夜12時すぎから1～2時間ほど。さらに気になるときは翌朝の11時ぐらいから見るときもあります。遠征先なら10時すぎに朝食を摂《と》って宿舎内でミーティングをして、そのあと出発までの時間でもう一度映像を見るということです。不安を抱えたまま球場へ行きたくないので、気になれば必ず確認します。ただ、ここまで徹底して取り組むようになれたのは14年が初めてでした。

最後まで優勝争いをした14年後半は、試合に勝っても、それほどうれしくはなかったんです。終わった瞬間、次の試合のことが頭に浮かぶからです。それまでなら、「今日は勝って良かった」と単純に喜んでいたのが、14年後半は勝った瞬間、「明日どうリードするか」と、ひとときも野球のことが頭から離れませんでした。本当にしんどかったのですが、そこまで勝負のかけひきに深く関われるのもキャッチャーだからこそ。深夜のビデオルームにこもって捕手ならではの労力や時間を費やしているだけに、おそらくほかのポジションとは違ったやりがいを感じられたことも確かでした。

僕が捕手として大事にしていることの1つは、投手を理解しようとする気持ちです。コミュニケーションをとりすぎる必要はないですけど、意思疎通を図り、投手の性格や考えを知ることは結果にもつながります。そこで大切になるのがブルペンです。例えばキャンプ中でも、僕はできるだけ多くの投手の球を受けます。もちろん、15年の春季キャンプでも実践しました。ブルペンで受けてみると、ただ投げているだけと感じさせる投手もいれば、同じ変化球でもストライクにする、ボールにする、と意図を持って投げる金子千尋さんをはじめとした多くの一線級の投手もいる。超一流投手という手本が身近にあるので、若い投手にはブルペンでも意図を持って投げる必要性を学んでほしいし、僕が教えることも大事だと思います。

「このカーブをどう使いたいのか?」といった考えをしっかり聞くことも、投手の持ち味を引き出すために大事な要素です。また、フォークボールと聞けば、空振りをとる球というイメージが強いと思いますが、「フォークでカウントをとりたい」「ゴロを打たせたい」と思っている投手もいます。1つのボールに対しての考えを近づけることで、互いのストレスを軽減し、納得の配球や結果を増やせます。まずは球を受け、そのあとに「この球をどう使いたいと思っているのか」を聞くことです。

言葉の壁がある外国人投手の場合、しっかり抑えたり、勝ち星やセーブ、ホールドなどの目に見える成果を出してあげることが、信頼関係を築くなによりの一歩になります。我がオリックスにはブランドン・ディクソン、アレッサンドロ・マエストリに、15年から前広島東洋カープのブライアン・バリントンが加わりましたが、彼らのような外国人投手は、日本人以上に自分の思ったボールを投げたがることが多い。それを踏まえたうえで、僕の考えをちゃんと伝え、より早く具体的な結果を出して信頼してもらうことが大事になってきます。

捕手としての心がけは、まだあります。目の前の打者と勝負しながら、相手ベンチやネクストバッターズサークルにいる打者を意識しながらリードすることです。

例えば、ある試合で相手チームの右打者に対して外角中心で攻める配球を考えながらも、その中の1人の右打者には内角を攻めたことがありました。これはその選手に対する意識づけだけでなく、その打席を見ているほかの右打者への効果も見込んでのこと。内角攻めの結果、完全に詰まらされた凡打にでもなると、イメージがほかの選手にも残る。こうなると、それ以上内角球を使わなくても勝手に打者がインコースを意識するので、バッテリーとしては攻めの幅が広がるのです。

また、ピッチャーが打たれたら、その投手と同じ気持ちになることも大事だと思います。大げさなフォローをしたり、一緒になって悲しまなければいけないと言っているのではありません。決定的な場面で打たれたときに、キャッチャーとしては気持ちをすぐに切り替えつつも、ピッチャーの痛みを共有できるキャッチャーであるべきだと思うんです。僕のリード1つで勝敗が分かれ、打たれた投手がファームへ落ちることもありえますから。捕手の責任は本当に重いものがあります。

ただ厳しく結果を求めても、やはり打たれるときはある。そこで大事なことは、繰り返しになりますが、前段階の準備や心構え。「これで打たれたら仕方ない」と、納得のボールで勝負した結果で打たれたとしたら、それは力がなかったと、次の打者に気持ちを向けるしかない。でも、僕が迷ってサインを出したり、ピッチャーも腕を振れずに投げて打たれたりすると、やはり悔いが残る。だから、どんなときでもやるべきことを前段階からしっかり詰めておくことを第一に考えています。

僕はよく「普段はクールに見えるのに、野球になると熱い」と言われます。人生をかけ、チームを背負ってプレーしているので、熱くなるのは当然だと思います。だからピッチャーに対しても本気で怒れるし、心の底から喜び合える。勝利の瞬間にマウンドへ走り寄り、笑顔の投手とハイタッチをする……。この瞬間のためにプレーしているようなもの。この一瞬の回数が多いほどチームの成績は上がるし、結果として僕の評価も上がるのかもしれない。捕手はチームが勝ってこそ報われ、評価もされる。その仕事に、これからもしっかり取り組んでいきたいと思います。

リラックス法はお笑い、ドラマ、読書…

チームメイトからは、「光は野球にしか興味がない」と言われたりもします。自分ではそうは思っていませんが、そんな声が多いのも事実のようです。そこで、野球から少し離れた話題で、素顔の伊藤光を感じてもらいたいと思います。

リラックス法の1つは、テレビでお笑い番組を見ること。多くの芸人さんが出て盛り上がる『ロンドンハーツ』とか『アメトーーク』とか、バラエティ番組が好きです。最近は、企画で広島東洋カープ好きの芸人特集とか、北海道日本ハムの大谷翔平《しょうへい》選手の特集とか野球をテーマにしたものもありますしね。自分もテーマにされるくらいの選手になりたいな、と思ったりもしながら、楽しんでいます。お笑い番組を見ているときは、もちろん思いきり笑いますよ。プレーするときや野球の話をするときは真剣。でも、それ以外のときは……。メリハリがきいていると、自分では思っているので、まじめ一本と見られるのは、ちょっと心外です(笑)。

ドラマもよく見ます。気になるドラマは、録画して時間のあるときにゆっくり鑑賞します。最近好きで見ていたのが、『ウロボロス～この愛こそ、正義。』。その前が『信長協奏曲《コンツェルト》』。小栗旬《おぐりしゅん》さんの出ているドラマにけっこうハマりますね。小栗さん主演の実写版映画『ルパン三世』も見に行って面白かったです。小栗さんは演技がうまいし、出演作品は脚本とか中身もしっかりしているから、引き込まれていって。やっぱり野球と一緒で、時間をかけて準備するといいものができるんだろうなあ、とか思いながら楽しませてもらっています。

気分転換に本も読みます。アスリートの方の本が多いですね。サッカー日本代表ゴールキーパー・川島永嗣《えいじ》さんの『準備する力』も読みました。キャッチャーとキーパーの守備面での共通点を感じたり、メンタル面で参考になったりしました。野球関係ではやはり同じ捕手の野村克也さんの本をよく読みますし、野球以外では山田悠介《ゆうすけ》さんの本が好きです。『リアル鬼ごっこ』が流行《はや》ったときに読んで以来、山田悠介さんの作品のファンです。

野球マンガも好きで、『ダイヤのA《エース》』がお気にいりです。現実にありそうな高校野球の話で、細部にもこだわっているリアルな感じが好きですね。自分たちのころを思い出して、感情をだぶらせながら読んでいます。でも、『ダイヤのA』で1つ納得がいかないのは、街中にも貼られていた広告用のポスターの中で、T-岡田さんがコメントしていること。絶対、岡田さんより僕のほうが詳しいのに、なぜ岡田さん？　そこはちょっと納得できませんね(笑)。

野球マンガは読みますけど、野球ゲームはやりません。野球を離れたところで、また実際の選手名が登場するゲームをするのはちょっと、って感じ。リアルすぎてダメなんです。でも、某ゲームの中の伊藤光は見たことがあって、確かバッティングが、かなり下のほうのFランク。もうちょっと打つやろ、と思ったりしました（笑）。それでも、ゲーム全般に興味がないわけではなく、例えばサッカーゲームは少しすることもあります。あと、『ドラゴンクエスト』に小学生のころハマっていました。最近DSで復刻版が出たとき、またやったりしましたね。要は野球に関しては、自分で実際に真剣勝負をしているので、リアルな野球ゲームにまで手を出して楽しもうという気が起きないんでしょうね。

ゴルフも好きで、オフは仲間とよくコースを回ったりしています。あと、車も趣味のうちの1つです。15年の開幕前に、思いきって外車のレンジローバーを購入しました。車は好きでよく乗っているのですが、そういえば、免許を取るときに試験でしくじったことがありましたね。仮免の学科試験で一度落ちたんです。本番ではなんとか一発で受かりましたが、時にはそんな失敗も僕はやったりするんです（笑）。

日常的な気分転換では、お酒もそうですね。シーズン中は量は飲まないですが、焼酎《しょうちゅう》中心。まわりからは飲んでも変わらないと言われます。オフにはガッツリ飲んで、たまにはじけることもあります。でも、チームメイトはそんな姿をあまり知らないようで。というより、見せないようにしています(笑)。ただ、決してまじめ一本ではないということを、改めて強調しておきます。

西勇輝とか仲間と飲んだとき、カラオケに行ったりもします。よく歌うのはコブクロやケツメイシです。コブクロには『光《ひかり》』という曲もありますよね。名曲が多いですが、とくに僕が好きな歌は『赤い糸』です。

オシャレ、女性観、理想の家庭…

ファッションには興味があります。自分の気にいっている服を着たり、コーディネートが決まったと思うときは気分もいいですしね。テンションを上げる大事な要素です。服装はきれいに見えるシック系が好きです。服を買う店は決まっていて、神戸のセレクトショップ（様々なブランドの商品を扱う店）です。その店で金子千尋さんもよく買うみたいですね。金子さんとは体型的にもけっこう近いものがあって、偶然同じ服を買ったこともあるんです。さすがに球場入りのときの服がそろってしまうと気まずいので、お店で服を選んでいるとき、頭の片隅に金子さんの顔が浮かんでくることがあります。そこで自分の好みであることはもちろん、もう1つは、金子さんが選ばなさそうな服を買うわけです。ある意味で金子さんの心理も読みながらの服選び。些細《ささい》なことですけど、金子さんの気分や好みもしっかりわかるようになれば、さらに試合のときの呼吸も合ってくるかもしれません。いや、さすがにそこは関係ないですかね(笑)。

T－岡田さんと一緒に服を買いに行くことも多いですね。岡田さんはあのとおり体が大きいので、好みの前の段階から選べる服が限られているようですけど、僕は野球選手っぽくない体型。入らなくて困るようなこともないから、不自由なくファッションを楽しめています。岡田さん、僕だけすみません(笑)。

球場に来るときは私服ですが、同じ服はなるべく着たくない。新庄剛志《つよし》さん（元阪神、北海道日本ハムなど）が上は同じでも毎日パンツ（ズボン）は替えていたという話を聞いたことがありますけど、僕もそんな感じ。14年のある時期、白いパンツをはいていったら、やたら勝ったことがありました。そこからしばらくは白のパンツばかりになり、「そろそろ別のに」と思って替えたら、負けて。やっぱり白星の白なんですかね。15年の開幕当初のようにまた負けが込むようなことがあったら、白パンツにします。そんなときが、もうないことを願っていますが。

ファッションの話に少しからみますが、僕は靴や靴下をはくときは全部左からはきます。いつからゲンをかつぐようになったのか自分でもはっきり覚えていないいんですが、とにかく足関係は左からですね。だから靴屋さんで試しばきするときに右の靴を出されると「すみません、両方はきたいんで」と言って、左も出してもらい、しっかり左からはきます。レガースももちろん左からつけるので、試合のときにチェックしてみてください。

球場へは、帽子をかぶって行くことも多いですね。ニット帽もありますが、キャップが多くて、ブランドでは「New Era《ニューエラ》」中心。つばが真っ直ぐのいかにも「若者」って感じのやつです。前はツバが真っ直ぐなのはあまり好きじゃなかったんですが、いつの間にか……。まだ若者ってことですかね（笑）。部屋には集めている帽子や、お気にいりの服がいっぱいあります（96ページ写真参照）。

女性のファッションでは、清潔感があってやっぱりキレイ目な感じが好き。あと、夏場だと、七分丈《しちぶたけ》のデニムに、上が白のふわっとした服を着ている人が好きです。そういう人がいたら、すぐにアタックするかも（笑）。女性の外見的な好みで言うと、ボーイッシュな感じより、女性っぽい人のほうがいいですね。性格は家庭的で、外では僕を立ててくれるような人。家の中ではそうでなくてもいいです（笑）。でも以前は、「女性のタイプは？」と聞かれると「猫っぽい目の人」とか言ったり、小学校のころの初恋の相手は運動もできる活発タイプだったり。年齢、季節で好みも変わるので、この本が出たころにはまた変わっているかもしれません（笑）。

自分の両親は共働きで家にいないこともけっこうありましたし、夕食の場に両親がそろわないことも少なくなかった。だから、僕が結婚して子どもができたら、家族みんなでご飯を食べられる家庭にしたい。それが理想の家庭像です。でも、ナイターや遠征が当たり前のプロ野球選手の僕ができるかどうかというところですが……。

私が見た「伊藤光」の素顔

COLUMN

T-OKADA

T−岡田 外野手

「手術後の足の細さを見て心配した。這《は》い上がってきた光は強い」

光とは、駿太らも一緒にロサンジェルスや香川県で自主トレをしたこともありますし、普段からつき合いも深いほうだと思います。最近は光、僕、安達了一、駿太とツイッターもしてフォローもし合っていますし、よくお互いのところにも登場します。

光が入ってきたときから、なんとなく気が合いました。僕も光もあんまり騒いだりするほうでもないし、ノリが合ったんでしょうね。普段から行動することも多くなっていきました。それが今ではお互い年齢も上がってきてチームを引っ張る立場になりましたけど、光のことで改めて思い出すのは、腰の故障をしていた時期のことですね。

光が腰を痛めたときは、僕もまだファームに一緒にいた時期でしたからね。故障と戦う光の姿、そこからのリハビリ……。僕らはなにもできないんですけど、とにかく早く良くなって、また一緒に野球がしたい、そう思いながら毎日見ていました。とくに励《はげ》ましたとかそういうことはあまりなかったと思いますが、言わなくてもわかっているでしょうし、迂闊《うかつ》に励ませるようなレベルでもなかったですからね。でも、正直、また野球ができるのかどうか、あのころの状態を見ていたらわからなかったですね。本当に歩くのもままならない感じで、野球以前に普通の生活に戻るまでも大変そうなのが見ていてわかりました。

光自身の当時の気持ちを想像するに、どれだけつらかったかと。ドラフト上位で明徳義塾から入って、当然、球団としての期待も大きかった。1年目からファームではキャッチャーを任されて、センスを感じる選手でした。早いころから、「近いうちに一軍に呼ばれるだろう」と見ていました。僕は入団から3年目まではファームでもなかなか数字が残せず苦労していたので、光のほうが早く上にいくかもと思ったりしていましたから。

それが、いよいよ一軍というタイミングで椎間板《ついかんばん》ヘルニア。光にしたらまだ2年目で20歳になる直前くらいですから、受け入れるのは大変だったと思います。もちろん僕らには野球しかありませんし、あきらめるわけにはいかないんですけど、それでもあの状況は相当にきつかったはずです。

最初は歩くのもやっとでしたし、手術して戻ってきて、ぱっと見ると、左足が右足に比べ、明らかに細くなっていた。どうなるんやろうと思いましたね。それでも毎日、地道《じみち》なリハビリをくさらずにやっていました。室内練習場の隅で頑張っている姿を見ていると、自然と僕のほうが刺激を受けていましたね。光は必ずまたグラウンドに帰ってくる、自分もそんな光に負けてられない、と。今もそうですけど、プレーする姿や練習の取り組みといったところでまわりを引っ張っていくのが光なんです。

野球ができるかわからないというところから這《は》い上がってきて、光は強いですよね。そういう大きな試練を乗り越えたことが大きいのでしょうが、光は自分というものを持っています。この世界には個性的な人が多いですけど、光はとくに自分の考え、スタイルを持っていて芯《しん》が揺るがない。そんな強さを感じますね。

光が一軍で出始めたとき、僕のほうが少し早く上がっていたので、そこからまた2人で行動することも増えました。普段は食事に行ったり、買い物に行ったりもしますね。洋服を神戸の同じ店でよく買うんです。僕はアメカジが多いんですけど、サイズ優先でそうなるっていうのもあります。その点、光はスタイルもいいし、サイズも気にせず、なんでも似合うからいいですよね。いつも、気にいったら迷わず買ってますからね。

そんな光も、2015年から選手会長。チームを見渡して適任は誰かと言えば、やはり光だろうって思います。僕ですか？　僕はそういうのは、向いていないので(笑)。

でも、安達や駿太らともしっかり一致団結して、なんとしても優勝したいですね。14年のオフから大型補強と言われて注目度も上がりましたが、ずっとオリックスでやってきたメンバーとしては、俺たちこそやらなければという思いは強いですから。お互い刺激し合いながら、大きな結果を出したいですね。

Buffaloes
22

22
HIKARU 22
HIKARU
22
Buffaloes

第6章 求め続けて

チャンスには4番の気持ちで

僕はキャッチャーとして、また選手会長としてチームを引っ張るだけでなく、打撃も向上させる必要があると思っています。プロ野球の世界には「捕手は打てなくても仕方がない」という見方もあります。捕手はそれくらい「守りが大事」という意味でしょうが、僕はそうなりたくない。打者としてもチームに貢献したいし、上を求め続けたい。「プロ注目捕手」と言ってもらえた高校3年のときも、打撃や走塁が好きでした。プロ入り後も、「2番とかを打てる選手になりたい」と漠然《ばくぜん》と思っていて、ファームの試合で2番を打ち、プッシュバントを決めたこともありました。

僕の理想は「捕手らしくない、動ける走れるタイプ」。椎間板《ついかんばん》ヘルニアを発症する前は、チームの先輩だった鈴木郁洋《ふみひろ》さん（現オリックス・バッテリーコーチ）のような捕手が理想像でした。鈴木さんは細身の体をキープし、現役後半でも代走で起用されたくらいで、まさに捕手っぽくないタイプ。ただ、僕は腰の故障後、スピードや俊敏さという点で以前のようにいかなくなりました。自分でも歯がゆいところですが、今もなにをしてくるかわからないと相手に思われるような打者ではいたいし、塁に出ても相手に警戒されるような走者になりたいと思っています。

打撃については14年、チャンスに強いと周囲からも言ってもらえました。シーズン打率は2割5分7厘ながら、得点圏打率が2割9分とまずまずでしたが、自分ではもっと打てたと思っています。走者二塁、あるいは三塁に置いた場面は、試合のゆくえを左右するケースが多い。そうした場面で、ベンチもファンも常に期待を持てる選手でありたい。大事だと思うのは気の持ち方。「チャンスだから、打たなければならない」と思いすぎるとプレッシャーとなり、いい結果にはならない。そこで、普段は下位を打つ僕ですが、チャンスでは自分が3番や4番を任された打者だと思って、まさに強打者の気持ちで打席に入ったりします。3番、4番の気持ちで打席に入ると、初球からガンガン打っていきやすくなります。それに、自分が3番や4番のような打線の中軸なら、「ここでアウトになっても、誰も文句を言わないだろう」と、ある意味、開き直れる。うちのチームで例えば糸井嘉男さんがチャンスで打てなくても、「糸井さんが打てないのなら、仕方ない」という雰囲気になりますから。もちろん、チームのみんながそれだけの信頼を寄せているからだし、3番、4番だからこそ抱える重圧もわかったうえです。僕は糸井さんほどの打者ではないですが、そのときだけは糸井さんになったような気分で打席に立っているということです。

あと、普段どおりに力を出すということにつながるかもしれませんが、打席に入る前にはいつも決まった「あること」をします。ネクストバッターズサークルに置いてあるマスコットバットや鉄の棒、重り用のリングを全部きれいに並べるのです。短いのから長いのまで、そろえて並べる。いつから行うようになったのかわからないのですが、今は一種のルーティーンのようなものとなっています。いつも同じ動作をして、同じ状態を作ることで、安定した気持ちで打席に入ることができます。

そして、いよいよネクストバッターズサークルを出て勝負へ向かうときには、チャンスの場面なら、「よし、ここで打てば、ヒーローインタビューだ！」というくらいに気持ちを高めます。こんな考えになったのは14年からですが、結果が悪くなかったので、今後もチャンスには「4番気分」で打席に立っていると思います。ここ一番では期待にこたえられるように、そうでない場面でも結果を出せるように頑張りますので、捕手としてだけでなく、打者・伊藤光にも期待してください！

届かなかった頂《いただき》へ

第1章でお話ししたように、14年のシーズンでは最後まで優勝争いを演じながら、あと一歩及びませんでした。悔しさを持っての15年の戦い。オリックスはシーズン前から注目を集めました。前年の結果を受け、チームは大補強。アメリカでの挑戦を経験して戻ってきた、元・埼玉西武の中島裕之さん、北海道日本ハムで中心選手としてプレーされてきた小谷野栄一《こやのえいいち》さん、横浜DeNAベイスターズからトニ・ブランコ、広島からブライアン・バリントン……。オフの戦力補強でオリックスは、マスコミから独り勝ちと言われるほどでした。ただ、戦力が厚くなったことは確かですが、話題はそのことばかり。苦しい時代からオリックスで頑張ってきた僕たちのような選手とすれば、「俺らを忘れるな」という気持ちがありました。これまでチームのために戦ってきた選手の働きこそが試されるシーズンになる。年齢の近いT－岡田さんや安達了一さん、西勇輝や駿太とはそんな話もしながら、「俺たちが！」という気分で燃えていました。14年に優勝をのがした悔しさは、あの場にいたチームメイト、首脳陣、関係者みんながわかっています。それを糧《かて》にして、土台があるチームに新たな戦力が加われば、さらに強いチームができあがると思いました。

新戦力の加入は刺激になります。例えば、14年には同じ捕手の山崎勝己《やまざきかつき》さんが加入。福岡ダイエーホークスやチーム名変更後の福岡ソフトバンクで13年間プレーされてきた方で、年齢は7つ上。僕としては、まず、キャンプから競争に勝たなければいけないと、気持ちが引き締まりました。それがチームの力を上げることになるわけで、15年は各ポジションで14年の僕と同じような気持ちでプレーする選手が増えるだろうと予想しました。実際、キャンプから、前年までとは違う空気を感じました。15年からキャンプ地が沖縄県の宮古島から宮崎県の清武《きよたけ》に変わったことも加わり、ファンやマスコミの方からの注目もさらに受け、新鮮なムードの中で戦いの準備に入れました。

オリックスにとっては別の意味からも15年シーズンは負けられない年です。当時、神戸が本拠地だったオリックスにとって1995年の阪神淡路大震災から20年を数える年だからです。11年の東日本大震災のときは僕たち選手も支援物資を送るなどさせてもらいましたが、20年前の神戸でも未曾有《みぞう》の大被害がありました。僕は愛知にいたころで、小学校に上がる前。あまり覚えていないのですが、「がんばろう神戸」を合言葉に、仰木彬《おおぎあきら》監督のもと、イチローさんらの活躍でオリックス・ブルーウェーブがリーグ優勝を果たしたことは知っています。被害に遭《あ》われた方のことを思うとやりきれない思いですが、一方では、スポーツの力、野球の力、人の力を強く感じました。それから20年。節目の年に改めて当時を思い、被災された方のためにも、こうして当たり前に野球ができる毎日に感謝し、強いオリックスを見せたいと思いました。

また、オリックス・ブルーウェーブと近鉄バファローズが04年オフに合併して、14年オフで10年が経過。オリックス・バファローズのチーム名で戦ったのは05年が1年目であり、15年は節目の10年目を経てさらなる一歩を踏み出す1年でもあります。これまでも復刻ユニフォームを着たときなどはとくに歴史の重さを感じましたが、オリックス（古くは、前チーム名の阪急ブレーブス）と近鉄の2つのユニフォームを着ることに複雑な思いに駆《か》られることもあります。ファンの中でも同じような感情を持ち続ける方がいるのではないでしょうか。応援スタイルも元オリックス、元近鉄と2通りあります。リーグ優勝、日本シリーズ制覇などの大きな結果が出れば、2つの伝統、2つの思いが本当の意味で1つになれるのではないかと思います。

このように大きな期待を持って臨んだ15年シーズンですが、厳しい現実が待っていました。開幕からチームは4連敗のスタート。オリックス自慢の投手陣や新加入で期待の大きかった攻撃陣に故障者が続出。メンバーがそろって戦うことができない中でシーズンが進みました。みんな状況をなんとかしたいと練習を積んで試合に挑みながらも、流れを変えられないもどかしさ。改めて野球の難しさを痛感しました。

僕自身も思うようなプレーができずに悩みました。これだけの投手陣を預かりながら、打たれて負ける試合も多く、リードについて考える時間が増えました。でも、なかなかきっかけをつかめず、5月8日に一軍登録を抹消《まっしょう》されました。チームが波に乗れず、直前の西武3連戦では2試合にスタメンマスクをかぶりながら、3試合連続の2ケタ安打を許し、27失点だったのです。体はなんともないのに、シーズンが始まって間もない時期での二軍降格。「俺はなにをやってるんだ」と、情けない気持ちになりました。ただ、落ち込み、悩んでる場合じゃない。ファームで頭も体も整え直し、19日には一軍へ復帰。悔しさを今後に生かさないといけないと思っています。

日本代表、そして未来…

僕は15年の4月23日で、26歳になりました。1年間レギュラーとしてほぼ全《まっと》うしたシーズンは、13年、14年の2年だけ。まだまだ足りない部分も多いので、先のステージを語るのは早すぎます。でも、プロ野球の世界は本当に1年1年が勝負。また突然大きなケガに襲われて、いつ選手としての終わりが来るかわかりません。ふと、この先の野球人生、さらにはそのあとのことを考えることがあります。

まず、成長を重ねて、「伊藤を出しておけば大丈夫」と言われる捕手になりたい。年齢的には40歳まで現役でやりたい。理想は谷繁《たにしげ》元信（中日）さんや古田敦也（元ヤクルト）さん。兼任監督になりたいという意味じゃないです（笑）。このお2人は、守りだけでなく打撃も素晴らしいし、精神面でもチームの大黒柱。野球ファンに「キャッチャーと言えば?」と聞いたら真っ先に名前が上がるような方々です。「キャッチャーと言えば伊藤光」とイメージされるような選手になるためにも、15年3月の強化試合のときに選んでもらった日本代表「侍ジャパン」で活躍することも大きな目標です。世界の中で戦う独特の緊張感、重みがあります。ぜひ、WBC(ワールド・ベースボール・クラシック)などの国際舞台で日の丸を背負って戦いたいです。ただ現在、野球ファンが日本代表の捕手として真っ先に頭に思い浮かべるのは、おそらく東北楽天の嶋基宏さんでしょう。そうした質問の際に、「伊藤光」の名前が一番手で挙がるように、結果を出し続けていきたいですね。

さらにその先、引退後の自分の姿は、想像できません。ただ、ずっと野球に携《たずさ》わり続けていたい。たまに、「プロ野球選手になっていなかったら、なにをしてたかな?」と思うことがあります。浮かぶのは、スポーツ店を経営して野球道具を扱いながら、近所の子どもたちと話をしたり、野球を教える姿。今もオフの野球教室などで、子どもたちと触れ合ったりしますが、教えるのっていいですよね。僕は、子どものころ、プロ野球選手に教えてもらう機会はありませんでした。もし、そんなチャンスがあったら、どれだけうれしかっただろうと振り返って思います。だから、僕が現役を終えたあとは、持っているものを子どもたちにいっぱい伝えたいです。

今はプロアマの交流も盛んで、プロ野球ＯＢのアマチュア指導もスムーズにできるようになりました。この先、高校野球や大学の指導者も増えるでしょう。でも、僕は、まだまだ伸びる可能性のある小学生や中学生を教えたい。少年時代に土台を作れれば、あとはうまくなろうという強い思いを持って努力を重ねることで、大きな花を咲かせる可能性が広がります。子どもたちにそんな手助けができれば、うれしいです。

懐《なつ》かしい話から将来の話まで語らせてもらいましたが、今、頭にあるのはやはり15年のシーズンのこと。大きな期待を背負ってスタートしたシーズンの序盤はチームも僕も苦しみました。でも、まだまだ戦いは続き、もちろん、あきらめるわけにはいきません。14年の悔しさを忘れずに戦い続けていれば必ずチャンスはめぐってくると思います。キャッチャーとして頭はクールに、しかし勝負には熱く、野球をできる毎日に感謝しながら、１日１日を大事に戦っていきたいと思います。

私が見た「伊藤光」の素顔

COLUMN

SHUNTA

駿太 外野手

「隙《すき》がなく、女性が多いイベントでも淡々としてる。たまには、はっちゃけて（笑）」

光さんはグラウンドでのプレーを見たままの人ですね。光さんほど、野球にまじめで普段もまじめって人も、なかなかいないんじゃないでしょうか。

光さんの感情がいちばん出るのは、試合に勝った瞬間。みんなとハイタッチしてベンチに戻るまで、とにかくうれしそうで、笑顔がはじけていますね。逆に負けたときは、本当に悔しそうにしています。

２０１４年の最後に福岡ソフトバンクに敗れたとき、もちろん、みんな悔しかったけど、誰よりもその思いが強く、爆発したのが光さん。あの姿を見て、光さんのすごさを感じましたね。

普段はプライベートも含め、僕の中には光さんが崩れるイメージがまったくない。そんな姿を見たこともちろんないですし、噂を聞いたこともない。実際、ご飯に行ったり、飲みに行ったり、カラオケに行ったりしても、はっちゃけないですからね。

光さん的にはもしかしたらそういうときがあるとしても、僕らから見たら全然はっちゃけてない。酒の席での失敗も見たことないですし、グラウンドを離れても隙《すき》がないですよ。

僕の場合は、まだまだ気持ちの変化が大きいタイプ。気分良く乗っていけるときもあれば、ちょっとつまずいて、ドーンと沈むときもある。でも光さんはそうじゃない。あれだけ責任のあるポジションを任されていて、結果によっては落ち込みたくなるときもあると思うんですけど、絶対そうならない。気持ちが安定している。やっぱり強いですよ。

普段の生活ぶりを見ていると、几帳面《きちょうめん》で、きれい好き。ロッカーも整理されていますし、以前、光さんが寮にいたとき、部屋を覗《のぞ》いてもきれいでしたね。すべてに余裕を持って動いている感じで、出発時間とかにも常にかなり前に来て、バタバタした光さんを見たことがないですね。そんなところもやっぱりキャッチャーっぽくて、準備に怠《おこた》りがないってことだと思います。

15年のキャンプイン前に、ファンの女性たちに集まっていただいた「オリ姫」のイベントに一緒に出させてもらったときも、やっぱりそうでしたね。女性ファンでいっぱいの会場で楽しい雰囲気だったんですけど、光さんは出番前もいつもどおりに淡々。もちろん、ステージに登場してからはファンの人と楽しい時間をすごさせてもらって、光さんも気分的に盛り上がっていたと思うんです。

でも、終わった瞬間にはもう、「あ～楽しかった。さあ、帰るぞ！」って、いつもの光さんでした(笑)。その場その場は楽しんで没頭するけど、すぐ切り替わるんですよね。

入団したときはちょっと怖そうな先輩かなと思ったんですけど、実際はまったく違いました。優しくてオシャレですしね。

そんな光さんは僕にとってはもちろんですけど、あとに続く後輩にとっても憧《あこが》れの存在であることは間違いないです。

高卒で入団して、そこからファームで経験を積んで、一軍入りしてレギュラーを獲得。努力した分、一段一段、階段を上がっていって、今こうして日本代表にも選ばれるような選手になった。あとに続く者からしたら、すごく目標にしたい人なんです。まじめに毎日やっていれば必ず結果がついてくることを証明してくれているのが光さんです。

ホントに言うことのない先輩なんですが、あえて、言うとしたら……。たまにははっちゃけてください、ってことくらいですね（笑）。こう言うと光さんは、「俺もはっちゃけているよ」と言うと思うんですけど、僕らの前でももう少し、たまには、と。

あ、でも、優勝したら、これまで見たことのない光さんが見られるはず。やっぱり、そこですね。ということで、そのときを楽しみにしておきます。

あとがき

僕の野球人生をここまで支えてくれた言葉が2つあります。

まず1つめの言葉は、「ありがとう」。まさに感謝の気持ちを表したものです。5歳からチームに入って野球を始め、両親や仲間へ感謝する大切さを教わりました。でも、本当の意味で深く「ありがとう」と思えたのは、プロ入り2年目に腰を故障し、もとのように野球ができないのではという状況から、もう一度できるようになったときです。心の底からの「ありがとう」が浮かびました。陰《かげ》で僕を支えてくれた方々、チームメイト、野球への感謝。すべてのものに「ありがとう」と思えたのです。

もう1つの言葉は、「夢があるから頑張れる」。野球一筋の人生を振り返ると、やはりつらいときもありました。でも、横道にそれず踏ん張れたのは夢があったから。小学生のころは松坂大輔さんのようなピッチャーになりたいと思い、高校では甲子園出場、さらにプロ野球選手になることを夢見て毎日、白球を追いました。夢へ向かって挑戦することで成長も実感できました。この本を読んでくださった方々、とくに子どもたちには、大きな夢を持って日々をすごしてもらいたい。チームでレギュラーを取る、毎日納得がいくまで素振りをする、練習を休まない……。自分との約束を守ることで気持ちも強くなります。夢を実現するには、毎日の努力の積み重ねしかありません。練習をしても結果が出ずに悩むこともありますが、悩む時間も大切。一生懸命練習して、悩んで、また練習する。課題や現実から目をそらさず向き合っていけば、その中の光に気づき、夢への一歩を踏み出すこともできるでしょう。

2つの言葉に表した気持ちを、僕は絶対に忘れることなくグラウンドに立ち続けていきます。自分から伝えられることなどわずかですが、拙《つたな》い話を最後まで読んでくれたみなさんに、僕の好きなこれらの言葉を伝え、終わりにしたいと思います。

この出版にあたり多くの方々のご協力を賜《たまわ》りました。金子千尋さん、平野佳寿さん、安達了一さん、T-岡田さん、西勇輝、駿太。そしてオリックス・バファローズ、廣済堂出版の関係者の方々をはじめ、すべてのみなさまに感謝を申し上げます。

2015年7月

伊藤 光

HIKARU ITOH

打点	盗塁	盗塁刺	犠打	犠飛	四球	死球	三振	併殺打	打率	出塁率	長打率
0	0	0	0	0	0	0	0	0	—	—	—
0	0	0	0	0	0	0	1	0	.000	.000	.000
11	3	2	14	1	11	2	57	0	.156	.218	.238
10	0	0	12	4	5	0	48	2	.205	.222	.256
40	4	0	35	3	24	3	84	10	.285	.327	.366
48	0	2	39	3	24(1)	5	80	2	.257	.310	.332
109	7	4	100	11	64(1)	10	270	14	.244	.288	.318

〈表彰〉

・ベストナイン　1回(2014年)
・ゴールデングラブ賞　1回(2014年)
・最優秀バッテリー賞　1回(2014年／投手・金子千《ち》尋《ひろ》)

〈個人記録〉

・初出場　2008年９月13日、対北海道日本ハム20回戦(札幌ドーム)、７回裏にキャッチャーとして出場
・初先発出場　2010年９月28日、対北海道日本ハム24回戦(京セラドーム大阪)、８番・キャッチャーとして先発出場
・初打席　同上、３回裏に武田勝からサードゴロ
・初安打　2011年４月13日、対福岡ソフトバンク２回戦(京セラドーム大阪)、３回裏にホールトンからライト前ヒット
・初盗塁　2011年４月17日、対東北楽天３回戦(甲子園球場)、５回表に二盗(投手・戸村健次、捕手・井野卓《すぐる》)
・初打点　2011年４月20日、対北海道日本ハム２回戦(ほっともっとフィールド神戸)、２回裏にウルフからサードゴロエラー時に記録
・初本塁打　2011年５月25日、対東京ヤクルト１回戦(神宮球場)、９回表に松井光介からレフト越えソロ
・オールスターゲーム出場　２回(2013年、2014年)

Results 年度別成績ほか

◉伊藤 光 年度別打撃成績(一軍) ※カッコ内は故意四球(敬遠)

年度	チーム	試合	打席	打数	得点	安打	二塁打	三塁打	本塁打	塁打
2008	オリックス	1	0	0	0	0	0	0	0	0
2010	オリックス	2	4	4	0	0	0	0	0	0
2011	オリックス	66	188	160	15	25	7	0	2	38
2012	オリックス	66	197	176	11	36	9	0	0	45
2013	オリックス	137	475	410	36	117	20	2	3	150
2014	オリックス	137	429	358	37	92	16	1	3	119
通算		409	1293	1118	99	270	52	3	8	352

◉年度別守備成績(一軍) ※太字はリーグ最高

捕手

年度	試合	刺殺	補殺	失策	併殺	捕逸	守備率	盗塁企図数	許盗塁	盗塁刺	阻止率
2008	1	1	0	0	0	0	1.000	0	0	0	—
2010	2	7	1	0	0	0	1.000	2	2	0	.000
2011	65	369	27	5	4	3	.988	44	30	14	.318
2012	66	343	38	3	2	1	.992	45	32	13	.289
2013	137	987	83	**8**	8	3	.993	107	79	28	.262
2014	**136**	**945**	72	3	8	**6**	**.997**	85	65	20	.235
通算	407	2652	221	19	22	13	.993	283	208	75	.265

#22

HIKARU ITOH

伊藤 光
メッセージBOOK
—クールに熱く—
HIKARU ITOH MESSAGE BOOK

2015年8月15日　第1版第1刷

著者……………………伊藤 光

協力……………………オリックス野球クラブ株式会社
企画・プロデュース……寺崎敦（株式会社 no.1）
構成……………………谷上史朗
撮影……………………石川耕三
ブックデザイン…………坂野公一（welle design）
DTP……………………株式会社 三協美術
編集協力………………長岡伸治（株式会社プリンシパル）
根本明　松本恵
編集……………………岩崎隆宏（廣済堂出版）

発行者…………………後藤高志
発行所…………………株式会社 廣済堂出版
〒104-0061 東京都中央区銀座3-7-6
電話　編集 03-6703-0964／販売 03-6703-0962
FAX　販売 03-6703-0963
振替　00180-0-164137
URL　http://www.kosaido-pub.co.jp
印刷所・製本所…………株式会社 廣済堂

ISBN978-4-331-51948-6 C0075